WAS MACHT DIE EINTAGSFLIEGE MORGEN?

MARTIN VERG

WAS MACHT DIE EINTAGSFLIEGE MORGEN?

Mit Illustrationen von Miriam Kaiser

EDEL KIDS BOOKS

INHALT

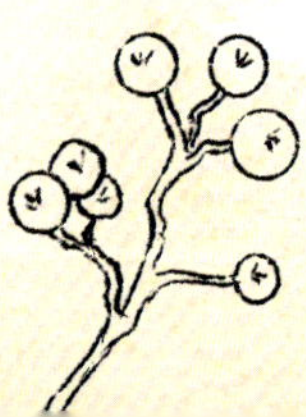

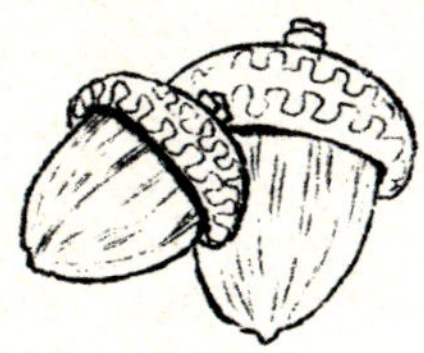

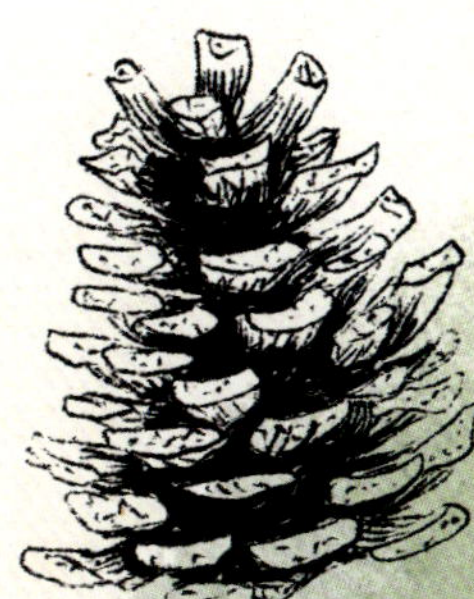

AUF DER WIESE 61

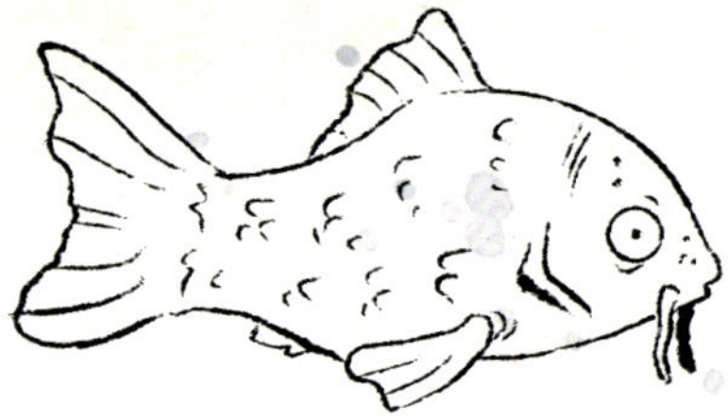

AM WASSER 105

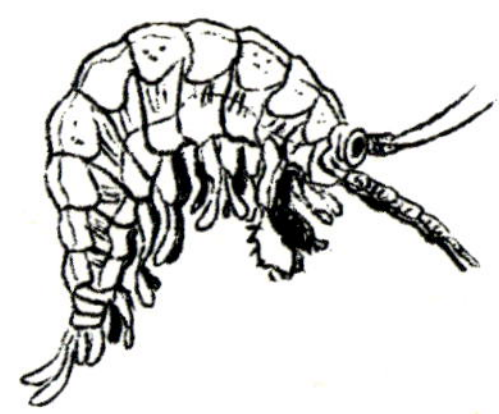

VORWORT

WILLKOMMEN VOR DER HAUSTÜR!

IN 120 FRAGEN DURCH WÄLDER, WIESEN UND ANS WASSER

Manche Fragen stellst du dir wahrscheinlich täglich: Was soll ich heute anziehen? Was gibt es wohl zum Mittagessen? Warum muss ich schon wieder mein Zimmer aufräumen? Die Antworten darauf sind meist nicht kompliziert, aber auch selten so interessant, dass du dich später daran erinnern wirst. Oder kannst du sagen, welche Hose du vorletzten Sonntag anhattest? Eben!

Andere Fragen hingegen stellst du dir vielleicht nie. Weil sie nichts mit dir und deinem Leben zu tun haben („Welche Könige regierten Tonga seit 1845, und wer von ihnen saß am längsten auf dem Thron?"), weil sie dich nicht interessieren („Ist in China schon wieder ein Sack Reis umgekippt?") oder weil schon die Frage selbst kompliziert ist, dass zumindest ich sie nicht verstehen würde („Lässt sich aus der Streutransformation oder darin enthaltenen Teilinformationen das zugrunde liegende Potenzial beziehungsweise Kraftfeld zurückgewinnen?").

Und dann gibt es noch Fragen, die hast du dir vielleicht einfach noch nie gestellt, weil sie dir nicht eingefallen sind: Wie viele Bäume ergeben einen Wald (Seite 18)? Was macht die Eintagsfliege morgen (Seite 129)? Kriegt man Heuschnupfen wirklich durch Heu (Seite 69)? Dafür hast du jetzt dieses Buch! Es lädt dich ein auf einen Ausflug, eine kleine Expedition vor die Haustür – in den Wald, auf die Wiese, ans Wasser.

Möglicherweise kannst du diese spannenden Lebensräume tatsächlich bequem von deinem Wohnort aus besuchen. Wenn nicht, bist du aber mit Sicherheit schon dort gewesen und kannst sie dir gut vorstellen. Mach das mal – und versuche dabei, sie so zu betrachten, als würdest du das erste Mal im Leben an einem Flussufer stehen oder zwischen Fichten und Tannen.

Denn das ist das Geheimnis: der neugierige Blick auf die Dinge, von denen du vielleicht dachtest, dass du sie längst kennst und alles über sie weißt.

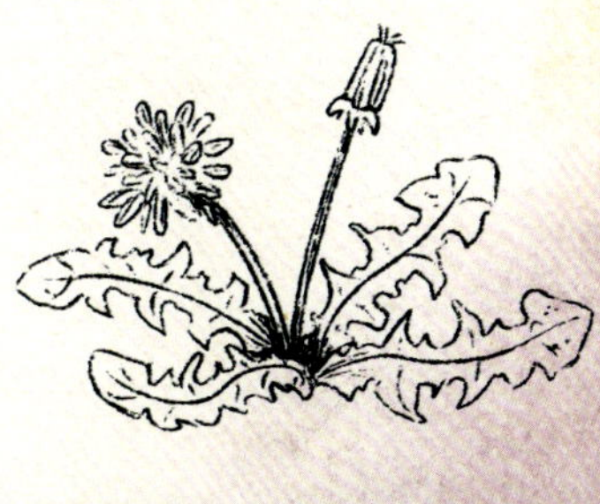

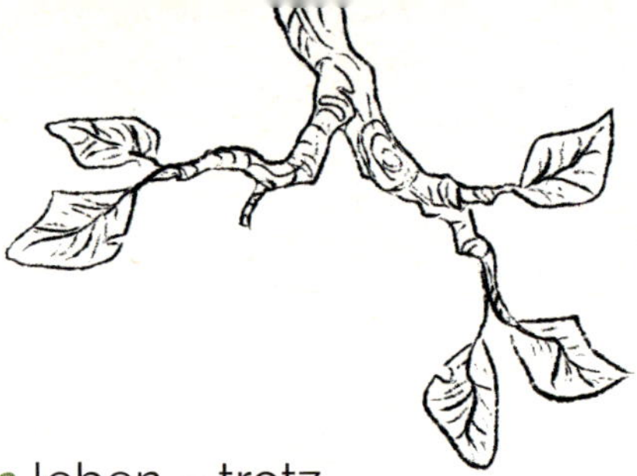

Kleiner Vorgeschmack? Eintagsfliegen leben – trotz ihres Namens – meist Monate, manche gar Jahre. Die meiste Zeit allerdings als Larve. Der ausgewachsenen Fliege bleiben dagegen am Ende wirklich nur Tage oder Stunden (Seite 129).
Apropos am Ende: Am Ende dieses Buches wirst du, hoffe ich, eine Menge Neues erfahren haben. Manches davon wird dich erstaunen, anderes überraschen.
Und alles soll dazu beitragen, deinen Blick zu schärfen für die großen und kleinen Wunder unserer Welt. Und dafür, dass es sich lohnt, sie als einen lebenswerten Ort für uns alle zu erhalten. Eine andere haben wir nicht.

VIEL SPAß BEIM LESEN UND ENTDECKEN!

IM WALD

Als der römische Autor **TACITUS** vor knapp 2.000 Jahren über die Gegend schrieb, die wir heute Deutschland nennen, beeindruckte den Mann vor allem eins: der **WALD**, der unendliche Wald. Erstaunlich, Tacitus kannte das Land nämlich nur vom Hörensagen, er selbst war nie dort. Trotzdem trifft seine Beschreibung zu.

Nach Schätzungen waren damals rund 70 Prozent Deutschlands von Wald bedeckt – so viel wie heute in Finnland oder Schweden. Bei uns ist es inzwischen nicht einmal mehr die Hälfte davon. Den Rest haben wir kultiviert, wie man das nennt: Undurchdringlicher Urwald ist Äckern, Weiden, Städten und Straßen gewichen.

Grund zur Sorge? Im Großen und Ganzen nicht. Zwar sehen die verbliebenen Wälder kaum noch aus wie zu Tacitus' Zeiten, Urwälder gibt es bei uns längst nicht mehr. Doch weil der Wald auch ein **WICHTIGER GELDBRINGER** für die Wirtschaft ist, achtet man zum Beispiel darauf, dass immer mindestens so viele Bäume nachwachsen, wie abgeholzt werden. Doch genau da, sagen wiederum Menschen, die sich mit Natur und Umwelt auskennen, liegt zuweilen **DAS PROBLEM**: Bäume allein machen nämlich noch keinen Wald.

Auf den nächsten Seiten wirst du erfahren, warum er viel mehr ist als der Ort, wo das **HOLZ** für unsere Häuser, Möbel und das Papier heranwächst, aus dem das Buch besteht, das du gerade in den Händen hältst. Da müssen auch andere **PFLANZEN** Platz finden, **PILZE**, **TIERE** … und bitte nicht zu knapp: Schätzungsweise zwei von drei der weltweit bekannten Tier- und Pflanzenarten sind in Wäldern zu Hause. Auch von denen möchte ich dir in diesem Kapitel einige vorstellen. Und deshalb wirst du, wenn wir am Ende unseres Waldspaziergangs wieder ins Freie treten, nicht nur wissen, wo der **ÄLTESTE BAUM** steht, wo der **WEITLÄUFIGSTE WALD** wächst. Du kennst dann auch seinen **GRÖẞTEN BEWOHNER**, den **GIFTIGSTEN PILZ** und die Antwort auf die Frage, welches **HOLZ AM HEIẞESTEN** brennt.

DA STAUNSTE!

- **ZWEI DRITTEL** der weltweit bekannten Tier- und Pflanzenarten leben in Wäldern.
- Der Amazonas-Regenwald erstreckt sich über **FÜNFEINHALB MILLIONEN** Quadratkilometer, er ist der größte Wald der Welt.
- In Deutschland gibt es mehr als **1.000-MAL SO VIELE** Bäume wie Menschen.
- **KNAPP EIN DRITTEL** der Fläche Deutschlands ist bewaldet.
- Mit einem Anteil von **GUT 25 PROZENT** ist hier die Fichte der häufigste Baum.

WIE VIELE BÄUME SIND EIN WALD?

Schätzungsweise **90 MILLIARDEN BÄUME** stehen in Deutschland. Das sind über 1.000-mal mehr, als es Menschen gibt. Allerdings spielt die Anzahl der Bäume kaum eine Rolle bei der Frage, ab wann ein Wald ein Wald ist. Denn dazu gehört mehr als Bäume. Dazu gehören andere Pflanzen, Pilze und Tiere. Ein vielschichtiger, ineinander verzahnter Lebensraum. Biologinnen und Biologen sagen daher: Ein Wald ist es, sobald dort **WALDKLIMA** herrscht.

Und das findest du in Baumschulen oder Parks selten, ganz gleich, wie groß die sind. Es gibt aber noch andere Definitionen. Die Welternährungsbehörde FAO sagt zum Beispiel: Ein Wald muss mindestens 5.000 Quadratmeter groß sein, das ist ein knappes Fußballfeld. Die Bäume, die darauf wachsen, müssen wenigstens **FÜNF METER HOCH** werden können und ihre Kronen ein Zehntel der Fläche bedecken.
Okay, verstanden. Aber was ist dann hiermit: Der Japaner Akira Miyawaki entwickelte vor fünfzig Jahren eine Methode, wie man Miniwälder anlegen kann, manchmal nicht größer als ein Tennisplatz, die selbst vor dem kritischen Blick von Biologen und Biologinnen bestehen. Was jetzt, FAO?

WO STEHT DER GRÖSSTE WALD?

Der größte Wald der Welt ist der AMAZONAS-REGENWALD in Südamerika. Er erstreckt sich über sagenhafte 5,5 Millionen Quadratkilometer, die 15-fache Fläche Deutschlands.

Der größte deutsche Wald wirkt im Vergleich dazu wie eine Kugel Stracciatella gegen einen Gletscher: Der PFÄLZERWALD, im Südwesten Deutschlands an der Grenze zu Frankreich gelegen, misst gerade mal rund 1.800 Quadratkilometer. Aber erstens: Der Vergleich ist unfair. In dieser Flächenangabe ist nämlich nur der deutsche Teil berücksichtigt. Jenseits der Landesgrenze, die einen Wald natürlich nicht schert, ist er auf französischem Boden beinahe noch einmal so groß. Welche Zahl gilt nun? Zweitens ist der Pfälzerwald immer noch allemal groß genug, um sich darin ernsthaft zu verlaufen. Und drittens: Selbst nach den Kriterien der FAO erfüllt er damit mehr als 350.000-mal die Mindestvoraussetzungen für einen Wald.

WANN WIRD DER WALD ZUM FORST?

Ein Mensch aus dem **MITTELALTER** hätte diese Frage zweifelsfrei beantworten können: **FORSTE?** Das sind alle Wälder, die dem König oder einem anderen Landesherrn gehören und zu denen man nur mit seiner Erlaubnis Zutritt hat, geschweige denn jagen oder Bäume fällen darf. Sonst: Kerker, mindestens. Alles andere ist Wald. **HEUTE** ist das Ganze leider nicht mehr ganz so trennscharf.

Manche sagen, ein Forst wäre ein Wald, der **BEWIRTSCHAFTET** wird – daher auch der Beruf des **FÖRSTERS**. Aber ganz so eindeutig ist es nicht, zumal ja die allermeisten Wälder bei uns in irgendeiner Form bewirtschaftet werden.

Kleiner Trost: Auch andere kennen das Problem. Im Englischen gibt es ebenfalls beide Wörter, Forst ist „forest", Wald ist „wood". Und der Unterschied ähnlich unklar, wenn man kein Forstexperte ist. Oder war das Waldexperte …?

WOZU WIRD WALD BEWIRTSCHAFTET?

Schätzungsweise 3,7 Milliarden Kubikmeter Holz stehen in den deutschen Wäldern. Zu einem Würfel zusammengeschoben, hätte dieser eine Seitenlänge von knapp über 60 Kilometern. Aber das macht natürlich keiner. Zumal ja niemand allen Wald auf einmal abholzen will.
Die **FAUSTREGEL** ist: Höchstens so viel rausholen, wie nachwächst. Meistens ist es sogar weniger. Im Schnitt belief sich die jährliche Holzernte zuletzt auf rund **76 MILLIONEN KUBIKMETER**. Immer noch eine ganze Menge. Und wozu? Ganz einfach:

HOLZ ist ein **WERTVOLLER ROHSTOFF**. Man braucht es **ZUM BAUEN**, denk etwa an Dachstühle und Fußböden. Unsere Möbel bestehen zumeist aus Holz. Und auch das Papier, auf das die Worte gedruckt sind, die du gerade liest. Schätzungsweise jeder fünfte Baum, der auf der Welt gefällt wird, wandert in eine **PAPIERFABRIK**.

SOLLST DU WIRKLICH BUCHEN SUCHEN?

Du bist im Wald, und ein Gewitter bricht los. Was tun? Vielleicht hast du den Merkspruch schon mal gehört: Eichen sollst du weichen, Buchen sollst du suchen. Darf man ihm glauben? **AUF KEINEN FALL!** Es gibt keinerlei Hinweise darauf, dass der Blitz seltener in Buchen einschlüge als in Eichen. Woher kommt also dieser wortwörtlich brandgefährliche Irrtum? Die wahrscheinlichste Erklärung:

Weil **BUCHEN** glatte Rinde haben, läuft das Regenwasser gleichmäßig herunter. Trifft ein Blitz den Baum, wird der Strom über den Wasserfilm direkt in die Erde geleitet, fertig. Bei **EICHEN** hingegen, mit ihrer spröden und rissigen Borke, gibt es immer wieder trockene Stellen, an denen der Blitz sich einen anderen Weg suchen muss. Und der führt durch das Holz, was mitunter krasse Spuren hinterlässt. Und daraus haben sich unsere Vorfahren zusammengereimt, dass es Eichen wohl häufiger treffen würde.

Bleibt die Frage: Was solltest du wirklich tun, wenn dich ein Gewitter im Wald überrascht? Am besten, du suchst eine **MULDE** oder Erdsenke, in die du dich **HOCKEN** kannst. Regenschutz bietet auch ein Gebüsch. Nur stell dich auf keinen Fall unter einen ausgewachsenen Baum, gleich welcher Art!

SIND FETTE HENNEN FÜR VEGETARIER GEEIGNET?

PILZE sind keine Pflanzen. Sie sind aber erst recht keine Tiere, auch wenn der Name manchmal anderes vermuten lässt: Die **FETTE HENNE**, auch Krause Glucke, Bärenschädel oder Ziegenbart genannt, ist ein Schrecken der Förster, da sie die Bäume, die sie befällt, ernstlich schädigen kann. Kein Wunder, bei dieser Pilzart wird allein der Fruchtkörper, also der sichtbare Teil, gut und gern 40 Zentimeter breit und bis fünf Kilogramm schwer – übrigens locker das dreifache einer echten Henne!

PILZSAMMLERN hingegen sind Fette Hennen hochwillkommen. Klar, mit einem einzigen dieser Ungetüme, die aussehen wie Badeschwämme, bekommt man eine ganze **VEGETARIERFAMILIE** satt. Und das sogar geschmackvoll: Das Hennenaroma ist nussig-aromatisch. Angebraten in Butter mit Zwiebeln? Ein Gedicht!

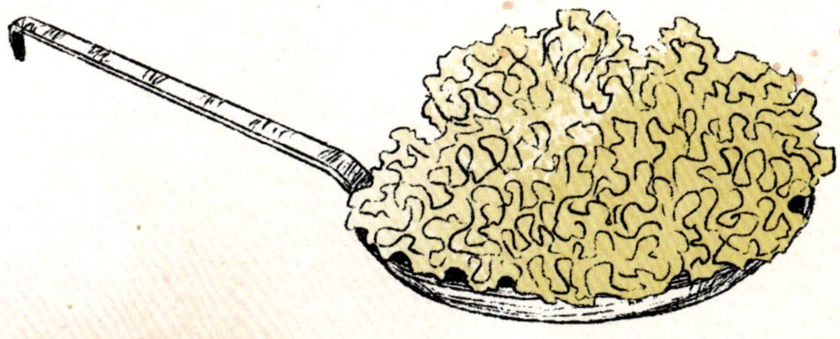

WIE HEIẞT DER TÖDLICHSTE PILZ?

Schwierige Frage! Der bekannteste unserer kleinen Giftzwerge ist sicherlich der **FLIEGENPILZ**, mit seinem roten Hut und den weißen Punkten. Den würde niemand versehentlich in die Pfanne hauen. Andererseits: Es würde auch niemand daran sterben. Fliegenpilze sind zwar giftig, und du würdest dich sicher elend fühlen – aber sie wirken nicht tödlich.

Ganz anders die **KNOLLENBLÄTTERPILZE**, allen voran der **GRÜNE KNOLLENBLÄTTERPILZ**. Auf sein Konto gehen in Europa 9 von 10 Pilzvergiftungen mit tödlichem Ausgang. Schon ein paar Bissen genügen, und die Folgen reichen von Muskelkrämpfen und Kreislaufversagen bis zur Zersetzung der Leber.

Für die Bäume, unter denen sie wachsen, sind Knollenblätter- oder Fliegenpilze hingegen komplett harmlose Mitbewohner. Die müssen sich viel mehr vor Baumpilzen wie dem **HALLIMASCH** fürchten. Wenn du dachtest, die Fette Henne wäre groß: Der Hallimasch wird wirklich riesig und kann ganze Wälder vernichten. Er gilt sogar **ALS GRÖẞTES LEBEWESEN DER ERDE**, nachdem man vor einigen Jahren in den USA ein Exemplar fand, das sich über eine Fläche von neun Quadratkilometern ausbreitet und so viel wiegt wie 100 ausgewachsene Elefanten!

KANN MAN IN PILZEN WOHNEN?

In manchem Märchen richten sich Zwerge ihre Wohnungen in Fliegenpilzen ein, du kennst das vielleicht auch von den Schlümpfen. Aber das ist natürlich Quatsch – es gibt schließlich weder Zwerge noch Schlümpfe. Doch in diesem Fall ist die Wirklichkeit vielleicht sogar noch verrückter als jedes Märchen. Tatsächlich wird daran geforscht, ob nicht sogar wir Menschen in Pilzen leben könnten. Damit ist nicht gemeint, dass wir irgendwelche Monsterpfifferlinge züchten, um uns dann ein Zimmerchen hineinzuschneiden. Viel schlauer:

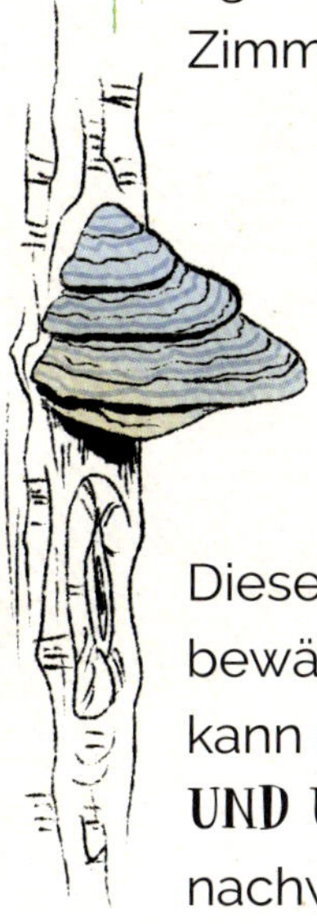

Die Berliner Mikrobiologin Vera Meyer hat mit ihrem Team ein kleines Haus errichtet, dessen **BAUTEILE AUS ZUNDERSCHWAMM** bestehen.

Dieser Baumpilz galt bisher vor allem als seit Jahrtausenden bewährte Anzündhilfe für Lagerfeuer. Nun wissen wir: Der kann mehr! Und vor allem ist das Ganze komplett **NACHHALTIG UND UMWELTFREUNDLICH**, weil es eben aus natürlichen und nachwachsenden Rohstoffen besteht. Noch ist das Pilzhaus eher ein Experiment. Aber ein sehr erfolgreiches. Es haben sogar schon Menschen darin übernachtet.

WAS VERRATEN JAHRESRINGE?

Hast du dir mal die Schnittfläche eines gefällten Baumstammes angesehen? Da fällt sofort das **RINGFÖRMIGE MUSTER** ins Auge. Das sind die sogenannten **JAHRESRINGE**.

Jahresringe entstehen, weil ein Baum durch die Jahreszeiten verschiedene Phasen durchläuft: Im Winter wird geruht, im Sommer gewachsen – also neues Holz gebildet. Weil das mit schöner Regelmäßigkeit geschieht, kannst du an der Anzahl der Ringe ablesen, wie alt ein Baum ist. Aber damit nicht genug! Oftmals sind die Ringe nicht gleichmäßig, sondern an einer Seite breiter als an der anderen. Das deutet auf die Himmelsrichtungen hin: Wo mehr Sonne hingelangt, also im Süden, kann der Baum **KRÄFTIGER WACHSEN** als auf seiner dunkleren Nordseite.

Und manch einer liest gar noch mehr heraus: Klimaforschende können an den Jahresringen gar erkennen, wie kalt und trocken ein Winter war, wie feucht und nass der Sommer – oder umgekehrt. So lernen sie eine Menge über das Klima vergangener Jahrzehnte und sogar Jahrhunderte, denn der Trick funktioniert auch mit Bäumen, die schon vor Ewigkeiten zu Dachlatten oder Möbeln verarbeitet wurden.

WER HAT ANGST VORM BÖSEN WOLF?

Wahrscheinlich die meisten Menschen. Forschende nehmen an, es handelt sich dabei um eine Art **URANGST**, die wir von unseren frühesten Vorfahren vererbt bekommen haben.

Als Mensch und Tier noch dicht an dicht lebten, war es nämlich von Vorteil, im richtigen Moment Schiss zu kriegen und Reißaus zu nehmen. Doch dann machten wir uns die Erde immer mehr untertan, verdrängten selbst die wildesten Tiere – bis der **WOLF** zum Beispiel in Deutschland um 1850 herum so gut wie ausgestorben war.
Seit einiger Zeit kehrt er nun zurück. Und zwar mit unserer Hilfe, indem wir den grauen Jäger unter Schutz gestellt haben. Mehr als 100 Rudel streifen inzwischen wieder durch die Wälder. Klingt viel, sind aber am Ende nur **EIN PAAR HUNDERT TIERE**. In Wahrheit ist der Wolf also noch immer echt **SELTEN**. Und dazu echt **SCHEU**: Die Wahrscheinlichkeit, dass dir beim Spaziergang einer begegnet? Nahe null! Und selbst wenn, wir stehen nicht auf seinem Speiseplan. Da standen wir auch nie, egal, was du bei Rotkäppchen darüber gelesen hast. Expertinnen und Experten sind sich einig, dass es sich bei allen blutigen Berichten aus früheren Zeiten um Begegnungen mit tollwütigen Tieren gehandelt haben muss. Kein gesunder Wolf greift einen Menschen an. Und tollwütige Tiere gibt es nicht mehr: Seit 2008 gilt Deutschland als tollwutfrei!

WO WÄCHST DER NÄCHSTE URWALD?

NICHT BEI UNS! In ganz Mitteleuropa gibt es längst kein Stück Wald mehr, das der ursprünglichen Bedeutung von **URWALD** entspricht. Das also noch nie von Menschenhand verändert wurde.

Selbst in den tiefsten Tiefen des Schwarzwaldes, noch im hintersten Alpental hat zu irgendeiner Zeit schon mal jemand zugeschlagen, abgesägt, neu gepflanzt. Mittlerweile gibt es zwar jede Menge Gegenden, wo man die Natur sich selbst überlässt, wo kein eifriger Förster umgestürzte Bäume herauszieht oder Fallen aufstellt, wenn die Borkenkäfer mal wieder überhandnehmen. Das gehört zum Beispiel zu den Auflagen für **NATIONALPARKS**, wie es sie im **HARZ** oder im **BAYRISCHEN WALD** gibt. Aber das ist zwar schön für die Natur – ein Urwald wird daraus trotzdem nie mehr werden, denn: siehe oben, wir waren halt schon mal dort.

WER STEHT WIE OFT IM WALD?

MEHR ALS 70 BAUMARTEN sind in unseren Wäldern heimisch. Tatsächlich muss man manche davon aber suchen, so selten sind sie. Oder weißt du, wo die nächste Eibe oder Elsbeere, der nächste Speierling oder Wildapfel wächst?
Umgekehrt sind es gerade mal **VIER ARTEN**, die sage und schreibe **DREI VIERTEL ALLER WALDBÄUME** stellen. Tusch, hier sind sie:

Auf Platz vier die Buche, davor die Eiche. Silber geht an die Kiefer. Und oben auf dem Treppchen steht die **FICHTE**.

Die hatte es allerdings nicht leicht in letzter Zeit. Immer wärmere und trockenere Sommer setzen ihr zu, ebenso die heftigen Stürme, die zwischendurch übers Land fegen. In vielen Regionen könnte die Fichte eines der ersten **OPFER DES KLIMAWANDELS** werden. Forstleute machen sich längst Gedanken, was man tun kann. Fest steht nur so viel: Die Fichte zu retten, wird es vermutlich nicht sein. Jedenfalls nicht überall. Stattdessen könnte man **NEUE ARTEN ANSIEDELN**, die zwar nicht heimisch sind –dafür aber besser mit dem veränderten Klima klarkommen. **DOUGLASIEN** zum Beispiel oder **KÜSTENTANNEN**, die beide aus Nordamerika stammen. Eines Tages wird die Liste der häufigsten Waldbäume jedenfalls anders aussehen als heute.

WER WÄCHST AM SCHNELLSTEN?

Durch den **KLIMAWANDEL** werden sich auch unsere Wälder verändern, wie du eben erfahren hast. Mit Glück können wir Menschen darauf Einfluss nehmen und dafür sorgen, dass künftig **ARTEN** wachsen, die mit den veränderten Bedingungen besser klarkommen – und trotzdem harmonisch mit allen anderen Waldbewohnern auskommen.
Manchmal hat man aber auch kein Glück. Dann breiten sich neue Arten einfach aus, und wir sind einigermaßen machtlos. Ein leider ziemlich gutes Beispiel dafür ist der **GÖTTERBAUM**. Der kommt aus China und wurde bei uns ursprünglich nur zur Zierde in Gärten und Parks angepflanzt. Da wollte er aber nicht bleiben:

Götterbäume erobern Jahr für Jahr neue Lebensräume, aus den Parks sind sie längst in die Wälder vorgedrungen und machen sich dort langsam, aber sicher auf Kosten heimischer Arten immer breiter. Wobei … langsam? Die Pflanzen können locker **EINEN METER IM JAHR IN DIE HÖHE SCHIEßEN**, sie gelten damit als die am schnellsten wachsenden Bäume in ganz Europa.

WIE ALT WIRD EIN BAUM?

Der schnell wachsende Götterbaum schafft rund 150 Jahre. Das klingt lang, etwa verglichen mit einem menschlichen Leben. Für einen Baum ist es nicht viel.

Bäume können, wenn kein Holzfäller, Borkenkäfer oder Klimawandel dazwischenkommt, **HUNDERTE JAHRE LANG** ihre Wipfel in den Himmel recken.

DER ÄLTESTE BAUM DEUTSCHLANDS beispielsweise soll das schon sagenhafte **1.200 JAHRE** tun. Es handelt sich dabei um eine **SOMMERLINDE**, die man längst auf den passenden Namen „Methusalinde" getauft hat. 1.200 Jahre? Das heißt, unter seinen Blättern haben vielleicht schon die alten Ritter eine Reitpause eingelegt.
Und trotzdem: Da geht noch mehr, viel mehr! Im Norden Schwedens steht eine **FICHTE**, die laut Messungen rund **9.550 JAHRE** auf der schrundigen Borke hat. Ihre Anfänge reichen also bis weit in die Steinzeit zurück. Allerdings handelt es sich bei ihr um einen sogenannten Klonbaum. Das heißt, was du heute vor dir siehst, ist aus dem Urbaum gewachsen, vielleicht aus einem Ast, der auf den Boden reichte und dort neue Wurzeln schlug, und ist genetisch noch immer das gleiche Lebewesen. Sein aktuelles Holz bringt es aber auch bloß auf ein paar Jahrhunderte.

WIESO LIEST DU BUCHSTABEN?

Die kleinen Zeichen, die aneinandergereiht erst einzelne Wörter, dann ganze Texte wie diesen hier ergeben, nennen wir **BUCHSTABEN**. Aber hast du dich schon mal gefragt, warum? Du vielleicht nicht, andere Leute schon. Schon lange, schon oft.

Manche von ihnen denken tatsächlich, der Begriff kommt sozusagen aus dem Wald und hängt mit den **BUCHEN** zusammen. Weil die **GERMANEN**, die einst dort lebten, wo heute Deutschland ist, ihre Schriftzeichen ab und zu in Stäbe aus Buchenholz ritzten. Diese Stäbe benutzten sie dann in irgendwelchen feierlichen Ritualen, um die Zukunft zu deuten. Oder so ähnlich.

Oder so ähnlich, sagen allerdings auch jene Forschenden, die diese Theorie für zu weit hergeholt halten. Sie denken, viel naheliegender wäre doch, dass Buchstaben etwas mit **BÜCHERN** zu tun haben. Könnte sein, ist aber natürlich nicht ganz so mystisch.

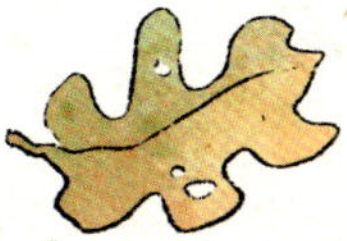

WARUM VERLIEREN BÄUME IM HERBST DAS LAUB?

Achtung, streng genommen ist schon die Frage falsch gestellt: Die Bäume verlieren ihre Blätter nicht, wie man Geld beim Glücksspiel verliert oder versehentlich den Schlüssel. Nein, **SIE WERFEN SIE ABSICHTLICH AB**. Das hat hauptsächlich zwei Gründe:

1. Sollte es im folgenden Winter stark schneien, würde sehr **VIEL SCHNEE AUF DEN BLÄTTERN** liegen bleiben, die **ZWEIGE** herunterdrücken und schlimmstenfalls **ABBRECHEN**.
2. Sollte es zudem so richtig knackekalt werden, würde das **WASSER IN DEN BLATTADERN GEFRIEREN** und diese zerstören.

Und wieso gilt das nicht für Nadelbäume, magst du jetzt richtigerweise einwenden. Denn außer den **LÄRCHEN**, die im Winter ebenso kahl dastehen wie Eiche, Buche und Co., bleiben diese Bäume Immergrün. Doch Tannen und Fichten halten schon aufgrund ihrer Form selbst dickste Schneedecken aus. Und weil sie in ihren Nadeln eine Art Frostschutzmittel einlagern, müssen sie auch keine Erfrierungen fürchten. Abgesehen davon: Auch Fichten oder Tannen werfen im Herbst Nadeln ab. Aber immer nur die ältesten, und das fällt kaum auf.

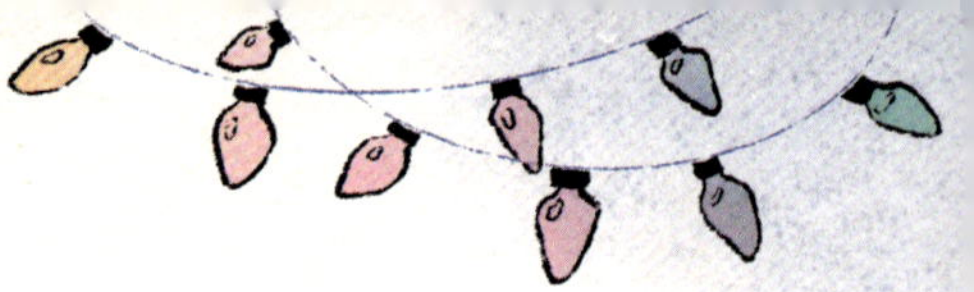

WOZU SCHMÜCKEN WIR FICHTEN UND TANNEN?

Die ersten Weihnachtsbäume sieht man schon im November, wenn langsam, aber sicher die Läden und Geschäfte ihre Festtagsdekoration hochfahren. Bis Heiligabend werden dann noch rund 30 Millionen Fichten und Tannen gefällt, verkauft und aufgestellt sein. Allein in Deutschland! Dabei haben diese Nadelhölzer eigentlich gar nichts mit Weihnachten zu tun. Nur wie schon eben erwähnt, unterscheiden sie sich in einem wesentlichen Merkmal von den meisten anderen Bäumen:

NADELBÄUME verlieren auch im Winter ihr grünes Kleid nicht. Bemerkenswert, fanden schon die Menschen früherer Zeiten etwa im alten China und bei den Ägyptern – und sahen darin **EIN ZEICHEN BESONDERER LEBENSKRAFT**. Von der doch etwas abfärben müsste, wenn man sich ein paar solcher Zweige ins Haus holt. Für die Christen gilt die **TANNE** außerdem als **PARADIESBAUM**, der an die Vertreibung Adams und Evas von ebenjenem Ort erinnern soll. Und jetzt kommt's: Im Heiligenkalender gedenkt man der beiden ausgerechnet am 24. Dezember.

Dass heute dort Heiligabend im Terminkalender steht, kam erst später. Aber da war der Baum schon da und blieb.

WARUM FÄLLT EIN VOGEL IM SCHLAF NICHT VOM AST?

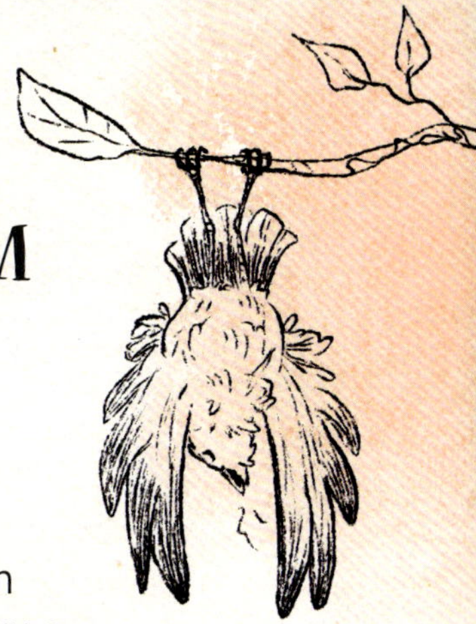

Vielleicht kennst du das von deinen kleinen Geschwistern: Wenn die einpennen, entspannen sich ihre Körper komplett. Die Arme und Beine fühlen sich dann an wie Gummi, keine Spannung drauf! Ob du's glaubst oder nicht, bei dir ist es genauso. Denn im Schlaf lockern sich all unsere Muskeln und Sehnen. Und jetzt kommt's:

Bei **VÖGELN** geschieht genau das Gegenteil. Deren Muskeln und Sehnen spannen sich im Schlaf erst richtig an. Jedenfalls die, mit deren Hilfe sie den Ast umklammern, auf dem sie hocken.

Apropos hocken: Weil die Tiere in der Schlafposition leicht in die Hocke gehen, wird noch ein zusätzlicher **GREIFREFLEX AN DEN ZEHEN** ausgelöst. Dieser ist übrigens derart kräftig, dass ein Vogel nach dem Aufwachen nicht einfach losflattern kann, sondern sich erst einmal strecken muss, um den Griff wieder zu lösen.

BRAUCHEN WIR BÄUME ZUM ATMEN?

Immer wenn du einatmest, ziehen deine Lungen Sauerstoff aus der Luft. Beim Ausatmen geben sie Kohlendioxid ab. Bei Pflanzen ist es umgekehrt. Die benötigen für die sogenannte **FOTOSYNTHESE** das Kohlendioxid. Mit der Energie des **SONNENLICHTS** und dem **WASSER**, das sie sich aus dem Boden ziehen, machen sie daraus nahrhaften **ZUCKER**. Nebenher entsteht als „Abfallprodukt" **SAUERSTOFF**. Und zwar nicht zu knapp!

Eine 100-jährige Buche produziert rund 1,7 Kilogramm Sauerstoff pro Stunde – genug, um 50 Menschen zu „beatmen".

Bäume sind außerdem gewaltige Filter. Ein Buchenwald von der Größe eines Fußballfeldes kann pro Jahr etwa 40 Tonnen Staub aus der Luft holen und sie auf diese Weise reinigen. Das ist ein Grund, warum es vor allem wichtig ist, in den Städten für ausreichend Grün zu sorgen. Aber das ist auch im großen Maßstab wichtig. Nicht umsonst wird beispielsweise der **AMAZONAS-REGENWALD** als **„GRÜNE LUNGE" DER ERDE** bezeichnet.

KÖNNEN BÄUME BLUTEN?

Blut haben nur Tiere, und selbst bei denen gibt es Ausnahmen. Quallen oder Schwämme? Kommen prima ohne klar. Selbst was durch die Körper von Insekten oder Spinnen fließt, ist biologisch betrachtet kein Blut. Ganz klar also, Bäume haben erst recht keines. Also können sie auch nicht bluten. Aber so ähnlich!

Schau dir zum Beispiel mal den Stamm einer Kiefer oder Fichte an. Sicherlich findest du die ein oder andere Stelle, an der so eine **GOLDBRÄUNLICHE, ZÄHE FLÜSSIGKEIT** heraustritt. Das ist **HARZ**. Und es hat zumindest eine Funktion wie auch unser Blut: Wird der Baum verletzt, fließt Harz hervor, um die Wunde zu verschließen.

Allerdings kann das Harz noch mehr. Wenn die Verletzung etwa von einem Schädling wie dem Borkenkäfer stammt, kann ein gesunder Baum so viel Harz herauspressen, dass dem Käfer der Appetit vergeht und er abzieht, ohne den Baum schädigen zu können. Mehr noch: Über die **DUFTSTOFFE IM HARZ** kann der Baum sogar seine Nachbarn warnen, dass Schädlingsbefall droht. Die können dann schon mal die eigene Harzproduktion ankurbeln.

WARUM LASSEN BUCHDRUCKER SO VIELE BÄUME STERBEN?

Ja, auch dieses Buch besteht aus bedrucktem Papier. Und dafür müssen Bäume gefällt werden. Sonst haben die Drucker ja nichts, was sie bedrucken können. Aber diese Art Drucker meinte ich gar nicht, sondern ihre nur knapp fünf Millimeter kleinen Namensvetter aus der Familie der Borkenkäfer. Die haben es vor allem auf **FICHTEN** abgesehen.

Sie knabbern sich in deren Rinde und legen dort ihre Eier ab. Vor allem die Larven futtern sich dann immer weiter durch das Holz. Dabei zerstören sie die Versorgungsleitungen, die Krone und Wurzeln verbinden. **DER BAUM STIRBT AB.**

Zwar kann sich eine gesunde Fichte mit ihrem Harz recht gut wehren, wie du ja eben schon erfahren hast. Aber je trockener die Sommer sind, je weniger Wasser die Bäume aus dem Boden ziehen können, desto schwerer fällt es ihnen, ausreichend Harz zu produzieren. Und desto schneller bricht ihre Abwehr zusammen. Schon jetzt verursachen Buchdrucker und ihre Verwandten allein in deutschen Wäldern einen Schaden von mehreren Milliarden Euro im Jahr. Je heißer und trockener das Klima wird, desto höher wird diese Summe ausfallen.

Kann man Bäume essen?

Was für ein lustiges Bild, mit Messer und Gabel an einer Eiche herumzusäbeln und in mundgerechte Stücke zu zerlegen. Aber das funktioniert natürlich nicht und würde auch gar nicht schmecken. Trotzdem liefern Waldbäume vermutlich mehr essbare Bestandteile, als du denkst.

Die Bucheckern der Buchen lassen sich zu **MEHL** verarbeiten, ebenso die Eicheln der Eichen. Aus den jungen Spitzen von Tannen und Fichten kannst du leckeren **TEE** kochen, Birkenrinde zu **SPAGHETTI** verarbeiten. Auch eine besondere Spezialität: das sogenannte Birkenwasser, das man den Bäumen abzapfen kann, wie den Ahornsirup dem Ahorn. Die Früchte in den Zapfen der Kiefern sind sogar richtiggehende Delikatessen: Als **PINIENKERNE** kosten sie im Laden ein halbes Vermögen.

Bevor du jetzt aber losziehst und dich durch den nächsten Mischwald futterst – mach dich noch mal etwas schlauer. Im ein oder anderen Fall **LAUERT** nämlich auch **VERWECHSLUNGSGEFAHR**. Während manche Nadeln, Blätter und Samen richtiggehend gesund sind, können andere giftig sein.

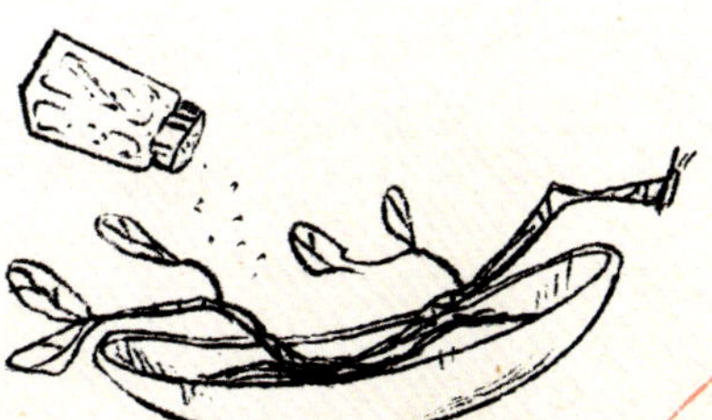

WER ZIEHT DIE BAUMGRENZE?

Als Baumgrenze wird die Linie bezeichnet, ab der keine Bäume mehr wachsen können. Und zwar in der Regel, weil es dahinter beziehungsweise darüber zu kalt und windig wird. Gut zu erkennen sind Baumgrenzen im Gebirge.

In den **ALPEN** zum Beispiel findest du oberhalb von 2.000 bis 2.200 Metern nichts mehr, das höher wächst als Sträucher und Gräser. In anderen Weltgegenden kann die Grenze allerdings ganz woanders liegen. Klar, hier herrscht ja oft auch ein ganz anderes Klima: Im **HIMALAJA**, dem höchsten Gebirge der Erde, stemmen sich Bäume noch bis über 4.000 Meter gegen Sturm und Kälte. In **FEUERLAND** dagegen, am südlichen Ende des südamerikanischen Kontinents, ist oberhalb von 300 Metern kein Baum mehr zu finden. Hier kommt nämlich noch eine zweite Daumenregel ins Spiel:

Je **NÄHER IN RICHTUNG ARKTIS ODER ANTARKTIS** du schaust, desto **NIEDRIGER** liegt **DIE BAUMGRENZE**. Und ab einem gewissen Punkt wächst dann selbst auf Meereshöhe nichts mehr.

In **KANADAS** äußerstem Norden oder in der **ANTARKTIS** wirst du vergeblich nach Bäumen suchen.

WAS IST ASTREIN?

Sauber! Sehr gut! Astrein! Wirst du für deine Arbeit derart gelobt, kannst du dich freuen. Dann hast du offenbar **ALLES RICHTIG GEMACHT**. Auch wenn es mit Ästen gar nichts zu tun hatte. Der Begriff ist aus dem Wörterbuch der Holzwirtschaft in unseren allgemeinen Sprachgebrauch hinübergewandert.

Ursprünglich bezeichnete man damit vor allem in der Möbelherstellung **HOLZ, DESSEN MASERUNG EINWANDFREI** und eben nicht von Astlöchern gestört war.

Ein bisschen vergleichbar mit dem Begriff lupenrein, einem anderen Wort für tadellos oder einwandfrei. Das hat seinen Ursprung in der Fachsprache der Juweliere und Edelsteinhändler. Es bezeichnet Diamanten, die so fehlerfrei sind, dass man selbst unter der Lupe **KEINE MACKEN** daran erkennen kann.

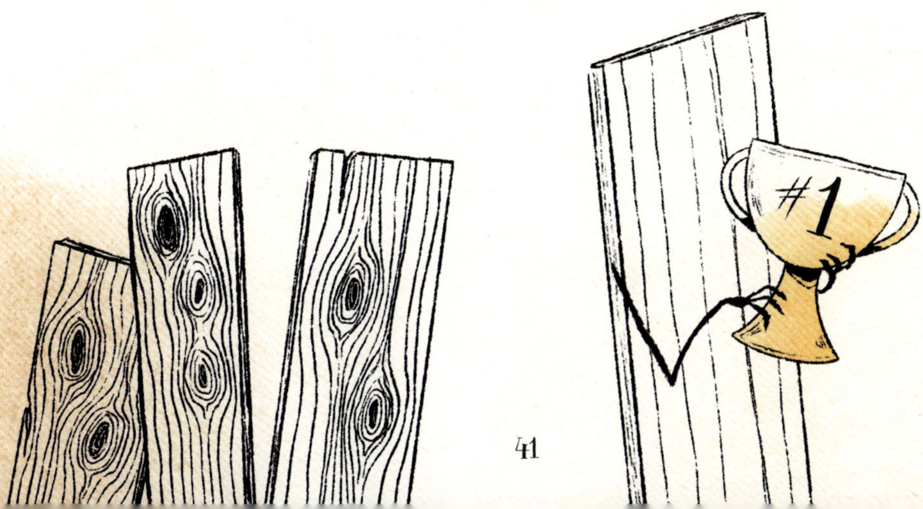

WAS BRENNT WIE ZUNDER?

Zunder natürlich! So nennt man alles, was als **ANZÜNDHILFE** beim Feuer geeignet ist. Also das, was du als Erstes mit deinem Streichholz oder Feuerzeug ansteckst, wenn du ein Lagerfeuer machst. Okay, heute behelfen sich viele Leute an dieser Stelle mit Papier. Oder Grillanzündern. Oder tränken gar ihr Feuerholz mit Benzin. Aber das sind künstliche Hilfsmittel, das zählt nicht. Muss auch nicht, denn im Wald gibt es jede Menge Material, das ebenso gut funktioniert: Nadeln, Laub oder feine Holzspäne. Reisig oder Birkenrinde. Und natürlich der Klassiker: der **ZUNDERSCHWAMM**.

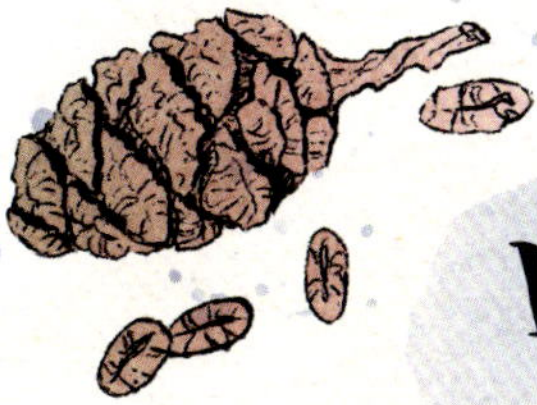

WEM NÜTZEN WALDBRÄNDE?

Dass Wälder ab und zu brennen, hat es nicht nur immer schon gegeben. Etwa, wenn der Blitz einschlägt. Es gehört auch einfach in die natürlichen Abläufe und **ERFÜLLT EINEN WICHTIGEN ZWECK**.

Die Wälder werden auf diese Art zum Beispiel **VON ZU VIEL BUSCHWERK BEFREIT**. Die **ASCHE** stellt hinterher **WERTVOLLE NÄHRSTOFFE** für die Überlebenden zur Verfügung. Manche Pflanze braucht gar erst ein Feuer, um überhaupt leben zu können. Erst unter großer Hitze öffnen sich zum Beispiel die Zapfen der Mammutbäume und geben ihre Samen frei. Ohne Feuer würden sie sich also gar nicht fortpflanzen können.

Doch durch die **KLIMAERWÄRMUNG** ist einiges aus dem Lot geraten. Bei so vielen Bränden, wie sie inzwischen in jedem Sommer auftreten, überwiegen die Nachteile deutlich. Du kennst die Bilder aus dem Fernsehen, dem Netz oder der Zeitung: Bäume in Flammen, Menschen, die zu fliehen versuchen, Häuser, die von den Feuerwalzen förmlich überrollt werden. Mal passiert das weit weg in den USA oder Südeuropa.

Doch auch bei uns brennen immer wieder und immer häufiger Wälder. Europaweit geht auf diese Weise jedes Jahr mehr als die dreifache Fläche Rügens verloren, der größten deutschen Insel.

WELCHES HOLZ BRENNT AM HEISSESTEN?

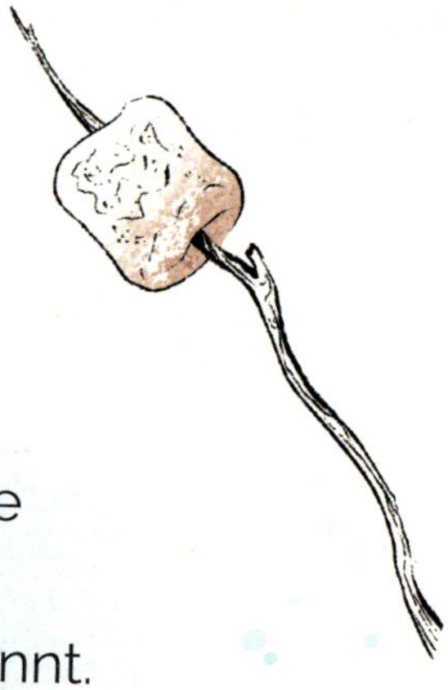

Bei unseren heimischen Hölzern steht die **BUCHE** ganz weit vorn. Rund **1.000 GRAD** misst das Thermometer, wenn sie verbrennt.

Zum Vergleich: Fichte und Kiefer erreichen nur knapp über 600 Grad. Und dann verbrennen sie auch noch schneller! Klar, denn die Faustregel heißt: Je schwerer die Holzart, desto länger und heißer brennt sie.

Dafür lassen sich die Nadelgehölze leichter entzünden. Wer sein erstes Lagerfeuer startet, wird also mit Fichtenzweigen und Kiefernästen kaum ein Problem haben. Außerdem ist es in diesem Fall ja auch ziemlich egal, auf welche Temperatur die Flammen kommen. Marshmallows lassen sich über beidem gut rösten, Tee kochen ist auch kein Problem. Viel wichtiger ist, dass du nur dort ein Feuer entfachst, wo es erlaubt ist, die Feuerstelle ausreichend sicherst und für den Notfall Löschwasser bereithältst, sodass sich dein Feuer keinesfalls selbstständig macht. Ein trockener Kiefernwald steht leicht lichterloh in Flammen.

WER MACHT DIE KOHLE?

Archäologische Forschungen haben ergeben, dass die Menschen schon seit wenigstens 30.000 Jahren Holzkohle herstellen. Lange Zeit war das ein richtiger **BERUF**:

Die **KÖHLER** lebten oft im Wald, wo sie direkt das **HOLZ ZU KOHLE VERARBEITETEN**. Was heißt das? Das Holz wird ohne Zufuhr von Sauerstoff auf ein paar Hundert Grad erhitzt. Dabei entweichen Bestandteile wie Wasserstoff, andere verbrennen. Weil die dann schon weg sind, entstehen keine Flammen, wenn man die Kohle später anzündet. Und sie brennt heißer als das Holz, aus dem sie hergestellt wurde.

Das machte **HOLZKOHLE** jahrhundertelang zu einem **BEGEHRTEN ROHSTOFF**. Vor allem seit der Erfindung der Dampfmaschinen wuchs der Bedarf so gewaltig, dass dafür ganze Wälder „verkohlt" wurden.
Das ist längst vorbei, Holzkohle benutzen wir bei uns heute eigentlich nur noch zum Grillen. Oder zum Zeichnen. Und dafür wird sie industriell hergestellt. Die Köhlerei, eines der ältesten Handwerke der Menschheit, gibt es nicht mehr.

WIE VIEL TRINKEN BÄUME?

Wie alle Pflanzen brauchen Bäume neben Sonnenlicht auch Wasser zum Leben. Das ziehen sie sich vor allem über ihre Wurzeln aus dem Boden. Tropfen für Tropfen für Tropfen. Und jetzt stell dir mal vor, dass zum Beispiel eine ausgewachsene **BUCHE** an einem heißen Sommertag locker mal **SO VIEL WASSER** benötigt, wie in **DREI BADEWANNEN** passen.

Ganz schön viel, oder? Vor allem, wenn man diese Badewannen tropfenweise füllen beziehungsweise leeren muss. Du bräuchtest dafür vermutlich mehrere Tage. Die Buche natürlich nicht, deren weitverzweigtes Wurzelwerk kann schließlich viele Tropfen zugleich aus der Erde saugen.
Übrigens: Anders als wir Menschen, die zwar, je nach Temperatur und Anstrengung, mal mehr, mal weniger Flüssigkeit brauchen, halten Bäume auch lange Trinkpausen aus. Etwa wenn im Winter der Boden gefriert und sich keine Tropfen ansaugen lassen.

SIND ALLE WURZELN GLEICH?

Jede Pflanze braucht **WURZELN**, um sich mit Wasser und Nährstoffen zu versorgen. Und natürlich auch, um nicht umzufallen! In welcher Weise diese oft weitverzweigten Gebilde in den Boden wachsen, kann dabei **SEHR UNTERSCHIEDLICH** ausfallen:

Selbst die gewaltigste **BUCHE** wird sich kaum **EINEN METER TIEF** eingraben. Dafür greifen ihre Wurzeln waagerecht oft über mehrere Meter aus. Das genaue Gegenteil stellen etwa die **KIEFERN** dar. Deren Wurzeln können **WIE PFÄHLE BIS ZU ZEHN METER TIEF** in den Boden reichen.

Daher kommen diese Nadelbäume auch prima in Meeresnähe oder auf der Heide klar, wo feuchte, nährreiche Erde oft erst unter meterdicken Sandschichten zu finden ist. Stichwort Meer: Nicht alle Wurzeln stecken in der Erde. Manche Baumarten, die in Mangrovenwäldern wachsen, also die meiste Zeit im Salzwasser stehen, bilden besondere **LUFTWURZELN**, die der Pflanze sozusagen wie Schnorchel das Atmen ermöglichen.

WO ENDET DAS BLÄTTERDACH?

Von der Baumgrenze war schon die Rede, jenseits der das Klima zu harsch ist, als dass Kiefer und Co. noch wachsen könnten. Aber wo ist Schluss, dort wo sie gedeihen? Oder anders: Kann ein Baum beliebig hoch wachsen? KANN ER NICHT, selbst bei den riesigen Mammutbäumen Nordamerikas, von denen manche über 100 Meter in die Höhe ragen, ist irgendwann Schluss. Weil SIE NICHT GENUG PLATZ haben, weil sie mit zunehmender Höhe WIND UND WETTER STÄRKER ausgesetzt sind. Forschungen haben außerdem gezeigt, dass es Bäumen mit zunehmender Höhe schwerfällt, noch Blätter zu bilden, weil sie KAUM MEHR AUSREICHEND NÄHRSTOFFE BIS IN DIE SPITZEN GEPUMPT BEKOMMEN.

Selbst unter besten Bedingungen werden Buche und Ahorn bei uns daher selten größer als 35 Meter, bei Fichten und Tannen ist bei 40 Metern Schluss.

Aber es gibt natürlich AUSNAHMEN, wie zum Beispiel den höchsten Baum Deutschlands. Die Douglasie steht im Schwarzwald nahe Freiburg, hört auf den schönen Namen „Waldtraut vom Mühlwald“ und ist knapp über 67 Meter hoch.

WER WOHNT IM OBERGESCHOSS?

Ein Wald ist wie ein Haus mit mehreren Stockwerken. Mit dem großen Unterschied, dass jede Etage anders aussieht und dort auch andere Bewohner leben.

Am auffälligsten und größten ist die sogenannte **BAUMSCHICHT**, in der vor allem – Überraschung! – Bäume wachsen. Aber nicht nur. Auch Kletterpflanzen oder manche Moose findest du hier. Und natürlich Tiere: Vögel, Eichhörnchen und Fledermäuse, jede Menge Insekten.

Die Baumschicht reicht von den Spitzen der Wipfel hinab bis in etwa vier Meter Höhe. Dort grenzt sie an die **STRAUCHSCHICHT**. Auch sie beherbergt manche Vögel und Insekten, hierher recken aber auch schon Hirsche ihre Köpfe. Die etwas kleineren Rehe dagegen äsen eher in der **KRAUTSCHICHT**, in der eben Kräuter, Gräser und Blumen wachsen. Und jetzt musst du dich schon bücken. Denn zur **MOOSSCHICHT** gehört nur noch, was kaum über den Boden hinausragt. Flechten, Moose, Pilze: die Heimat von Ameisen, Spinnen und Käfern. Und wie in einem Wohnhaus folgt darunter noch der Keller, die **WURZELSCHICHT**, wo nur noch wohnt, wer es gern dunkel, kühl und feucht mag. Regenwürmer oder Mäuse zum Beispiel.

WARUM KRIEGT DER SPECHT KEIN KOPFWEH?

Du bist bestimmt schon mal mit dem Kopf gegen eine Wand geknallt. Hat wehgetan, oder? Aber jetzt male dir mal kurz aus, das würdest du jeden Tag 1.200-mal tun. Schon die Vorstellung schmerzt. Unser Kopf ist dafür nicht gemacht. Bei jedem Stoß würde dein **GEHIRN** gegen die Schädeldecke knallen, schon nach kürzester Zeit hättest du eine fiese Gehirnerschütterung. Warum geht es dem Specht da besser? Weil sein Kopf darauf ausgelegt ist, sonst würde der arme Vogel ja verhungern: Mit seinen Schnabelhieben hackt er sich in Baumrinden hinein und knabbert die leckeren Insekten heraus, die darin oder darunter leben.

Die **SCHNABELMUSKELN** des Spechts wirken dabei **WIE EINE ART STOẞDÄMPFER**, die jeden Schlag weitestgehend **AUFFANGEN**. Wie die Federung an einem Fahrrad, mit der sich selbst der Sprint über ein Kopfsteinpflaster wie ein Schweben über Wolken anfühlt. Was dann noch an Stoßkraft den Spechtschädel erreicht, kann keinen Schaden mehr anrichten. Denn sein Gehirn sitzt so passgenau darin, dass es nirgends anstoßen kann.

WIE RUFT'S AUS DEM WALD?

KUCKUCK, kuckuck, natürlich! So heißt es jedenfalls in dem berühmten Frühlingslied. Der Text dazu stammt übrigens von Hoffmann von Fallersleben, dem Mann, der auch die deutsche Nationalhymne geschrieben hat. Aber das nur am Rande. Denn die Frage ist ja, warum der Kuckuck überhaupt Kuckuck ruft. Das tut er hauptsächlich, um Weibchen zu beeindrucken. Es rufen also nur die Männchen. Und eigentlich auch nur in der Paarungszeit von April bis Juli. Daher die Idee des Liedes:

Ruft der **KUCKUCK**, ist der **FRÜHLING** da! Allerdings hört man ja nicht nur den. Du kennst es sicher selbst: Im Frühling musst du keinen Wecker stellen, da wachst du vom vielstimmigen Vogelgesang auf. **JEDE ART HAT ÜBRIGENS IHRE EIGENE UHRZEIT**, wann sie zu zwitschern, flöten und tirilieren beginnt. Denn wenn nicht alle durcheinanderschreien, ist **JEDER EINZELNE BESSER ZU ERKENNEN**.

Interessant übrigens: Vögel, die in der Stadt leben, sind lauter. Anders als ihre Artgenossen im Wald und auf den Wiesen müssen sie nämlich gegen Straßenlärm, Baustellen und das übliche Grundrauschen der Stadt ansingen.

KRIEGT EIN BAUMSTAMM SONNENBRAND?

Wenn im Sommer die Sonne vom Himmel brezelt, cremst du dich hoffentlich ausreichend ein oder trägst lange Hosen und Hemden, die dich vor der schädlichen UV-Strahlung schützen.

Bei den Bäumen übernimmt die RINDE diese Rolle. Doch wie bei deinem Hemd ist ihre Wirkung begrenzt. An manch heißem Sommertag wurden im darunterliegenden Holz schon Temperaturen von 45 GRAD UND MEHR gemessen: zu viel für die meisten Baumarten! Dann sterben ganze Stammteile ab, werden leichte Beute für Borkenkäfer oder Pilze. DER BAUM WIRD SCHWÄCHER und schwächer, stürzt im nächsten Sturm um – und kann nun seinen Nachbarn keinen Schatten mehr geben.

Denn noch ist es eigentlich so: In einem dichten Wald gelangt selten eine kritische Menge an Sonnenstrahlung bis an die Stämme. Das Problem haben eher einzeln stehende Bäume auf Wiesen oder an Straßenrändern. Aber je mehr ein Wald sich lichtet, desto heikler wird es. Muss man dem tatenlos zusehen? Nicht unbedingt. Vielleicht hast du schon mal Bäume gesehen, deren STAMM WEIß ANGEMALT ist? Das ist eine KALKFARBE, die zusätzlich SCHUTZ verleiht. So als würdest du dich eincremen – und trotzdem noch ein Hemd überziehen.

MÜSSEN BÄUME SCHLAFEN?

Sagen wir mal so: Sie tun es, also kannst du davon ausgehen, dass sie es auch müssen.

Natürlich legen sie sich dafür nicht hin. Aber man kann beobachten, dass ihre **ZWEIGE** zum Beispiel ein wenig schlaffer werden, ein Stück weit herabhängen – nur um sich dann am **MORGEN FRISCH GESTÄRKT** wiederaufzurichten.

Was ansonsten im Innern der Gewächse abläuft, haben die Forscherinnen und Forscher noch nicht komplett verstanden. Aber vermutlich ist es ein bisschen wie bei uns Menschen. Wir brauchen die nächtlichen Ruhephasen, damit sich der Körper und auch der Geist, also das Gehirn, **ERHOLEN** können. Klar ist zudem, nachts kann ein Baum jedenfalls schon mal nicht wachsen. Denn dafür benötigt er – wie alle Pflanzen – die Energie des Sonnenlichtes.

WANN MÜSSEN PFERDE RÜCKEN?

Ganz einfach, wenn sie **RÜCKEPFERDE** sind. So nennt man die oft mehr als **700 KILOGRAMM SCHWEREN KALTBLÜTER**, mit denen Forstarbeiter seit vielen Hundert Jahren gefällte Bäume aus dem Wald holen.

Zwischendurch sah es mal so aus, als würde auch dieser Berufszweig langsam, aber sicher aussterben – wie so viele andere, in denen das Pferd dem Menschen jahrtausendelang treue Dienste geleistet hat: als Fortbewegungsmittel, um Kutschen und Karren zu ziehen oder den Pflug übers Feld. Eines der wichtigsten Arbeitstiere des Menschen ist heutzutage fast nur noch für Sport und Freizeit im Einsatz. Wobei das wahrscheinlich auch für die Vierbeiner durchaus ein Gewinn ist.
Nur auf Rückepferde will man dann doch nicht mehr verzichten. Obwohl es längst Maschinen gibt, die für exakt diese Arbeit entwickelt wurden. Allerdings bekommt selbst die beste von ihnen Probleme, wenn der Wald dicht und der Untergrund uneben ist. Und auch **DER WALD DANKT ES**: Pferdehufe setzen dem Boden deutlich weniger zu als breite Reifen oder schwere Ketten.

WER IST DER PLATZHIRSCH?

Okay, gegen ein 700 Kilo-Rückepferd wirkt er dann doch beinahe zierlich. Aber die Riesengäule der Forstarbeiter leben hier nicht, die laufen außer Konkurrenz. Daher darf er sich weiterhin Nummer eins nennen.

Die Rede ist vom **ROTHIRSCH**, zwei Meter lang, 200 Kilogramm schwer – der Kopf oft gekrönt von einem beeindruckenden **GEWEIH**.

Manch **AUSGEWACHSENES MÄNNCHEN** trägt noch mal 20 Kilogramm davon auf dem Schädel spazieren. Vor allem, um damit bei den geweihfreien Weibchen Eindruck zu machen, aber auch um Konkurrenten zu signalisieren: **LEG DICH NICHT MIT MIR AN.** Passiert natürlich trotzdem, und dann kracht es gewaltig, wie du dir vorstellen kannst. Der Sieger solcher Duelle wird dann meist zum Chef des Rudels – oder wie es in der Jägersprache heißt: zum **PLATZHIRSCH**.

HABEN ELCHE KEINE KNIE?

Vom römischen Feldherrn **JULIUS CÄSAR** hast du bestimmt schon mal gehört. Der lebte vor etwas mehr als 2.000 Jahren und konnte durch seine ausschweifenden Eroberungszüge das Römische Reich erheblich vergrößern. Cäsar verdankt die Welt auch einen Kalender, der immerhin bis ins 16. Jahrhundert verwendet wurde. Und wer **LATEIN** in der Schule lernt, liest früher oder später Cäsars „**GALLISCHEN KRIEG**", Schriftsteller war das Multitalent nämlich auch!
Allerdings sind manche Inhalte des Buches mit Vorsicht zu genießen. Etwa wenn Cäsar **ÜBER DIE ELCHE SCHREIBT**, die damals noch durch unsere Wälder streiften. Beziehungsweise über die Art und Weise, wie die Germanen, die damals Deutschland bewohnten, angeblich Jagd auf die urtümlichen Wesen machten:

Weil die Tiere **KEINE KNIE HÄTTEN** und sich folglich nicht hinlegen könnten, müssten sie sich zum Schlafen an einen Baum lehnen. Der schlaue Germane musste also nur den Baum ansägen, sodass er samt Elch umstürzte, sobald dieser seine halbe Tonne Lebendgewicht dagegen lehnte. Ist natürlich kompletter Unsinn. Aber eine lustige Vorstellung.

WO LAUERN DIE RÄUBER?

IM WALD, DA SIND DIE RÄUBER, heißt es in einem Volkslied. Aber stimmt das überhaupt?

In früheren Zeiten waren Wälder tatsächlich das Zuhause mancher Räuberbande. Das liegt aber vor allem daran, dass in früheren Zeiten manch einem gar nichts anderes übrig blieb. Die Gesellschaft war sehr streng organisiert: Als was man geboren wurde, das blieb man auch, wie zum Beispiel Bauer oder Handwerker. Wer da nicht mitspielen wollte, hatte oftmals keine andere Chance, als der Gesellschaft den Rücken zu kehren und sich unters fahrende Volk zu mischen oder eben in den Wäldern Gleichgesinnte zu suchen.
Wobei, stimmt nicht ganz: Man konnte auch Soldat werden. Jedenfalls solange die gebraucht wurden, weil irgendwelche Fürsten miteinander im Streit lagen. War der Krieg indes vorbei … genau: **AB IN DEN WALD!**
Und heute? Gibt es natürlich immer noch Räuber. Aber, mal von Fuchs, Luchs, Wolf und Co. abgesehen, nicht im Wald. Denn inzwischen kann man in unseren **STÄDTEN** viel unauffälliger unterschlüpfen. Außerdem gibt es dort auch viel mehr ahnungslose Opfer …

WER IST IM WALD DER MEISTER?

Ganz klar, der **WALDMEISTER**. Die Frage ist also eher: Wieso heißt der überhaupt so? Und das ist schon schwieriger zu beantworten. „Meister" komme von „Moos", glauben die einen. Nein, von „Miere", behaupten die anderen. Das ist ein Nelkengewächs. Die Dritten sagen, der Waldmeister habe eben meisterhafte Eigenschaften etwa als Heilpflanze. Aus demselben Grund wird er in Frankreich „reine de bois" genannt, Königin des Waldes. Tatsächlich:

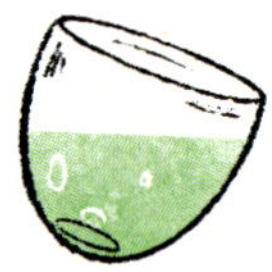

Du kannst Waldmeister zu Tee, Sirup und Saft verarbeiten oder gar zu heilenden Tinkturen – in Internet findest du unendlich viele Rezepte. Helfen soll das gegen Verdauungsbeschwerden, Herzschwäche, Kopfschmerzen, Ausschlag, schlecht heilende Wunden und die Motten im Kleiderschrank. Dazu ein kleiner Tipp aus der Hexenküche: Den speziellen, **SÜßLICH-WÜRZIGEN GERUCH** entfaltet der Waldmeister erst, wenn er **GETROCKNET** ist. Frischer Waldmeister ist weitgehend geruchlos.

Er wächst übrigens vor allem in schattigen Laubwäldern, gern als saftig-grüner Teppich aus länglichen, sternförmigen Blättern.

AUF DER WIESE

Der Wald liegt hinter dir, vor deinen Augen breiten sich saftige, grüne **WIESEN** aus. Gras, so weit du gucken kannst, und nichts weiter? Nur, wenn du nicht genau hinschaust: Auf Wiesen ist nämlich mindestens so viel los wie auf den vorherigen Seiten im Wald. Auch sie sind Heimat unzähliger Tier- und Pflanzenarten – die, ebenfalls wie im Wald, jede ihre verschiedenen Stockwerke bewohnen. Das kriegst du nur nicht so mit, weil selbst das Dachgeschoss dir selten weiter als bis zum Knie reicht. Vielleicht mal bis zur Hüfte, wenn hier lange niemand mehr gemäht hat.

Richtig gelesen: Auch wenn Wiesen enorm wichtige Lebensräume sind und unersetzlich für eine große Artenvielfalt – ohne uns würde es sie gar nicht geben. Erst nachdem unsere Vorfahren vor einigen Tausend Jahren angefangen hatten, **VIEH** zu halten, entstanden Wiesen. Auf ihnen wuchsen nämlich die **GRÄSER UND KRÄUTER** für das Heu heran, mit dem man Kuh & Co. im Winter durchfütterte.

Im Englischen hört man das sogar noch. Dort heißen Wiesen „meadows", von dem Altenglischen Wort „maed". Das wiederum ist unverkennbar mit **„MÄHEN"** verwandt. Und Wiese? Keine Ahnung, da zucken auch Sprachforschende mit den Schultern. Sie wissen nicht genau, woher unser deutsches Wort stammt.

Wiese ist übrigens nicht gleich Wiese, das wirst du bei unserem Spaziergang durch die nächsten Seiten ebenfalls erfahren. Da gibt es FETTE, da gibt es MAGERE. Da gibt es die VOLLER STREUOBST. Nur eines haben sie leider in aller Regel gemein: Sie sind vom Aussterben bedroht.

Klingt komisch? Vielleicht! Aber es stimmt, auch Landschaften können verschwinden. So wie es bei uns keine Urwälder mehr gibt oder immer weniger Moore. Auch die Wiesen werden knapp. Und schuld ist, natürlich, wieder der Mensch. So wie wir Wiesen einst für unsere Futtervorräte anlegten, lässt man sie inzwischen vielerorts wieder zuwuchern. HEUERNTE? Lohnt oft nicht mehr. Wer 1.000 Kühe im Stall stehen hat, sieht zu, dass er sich industriell erzeugtes Futter besorgt. Das ist billiger und macht weniger Arbeit. Viele Naturschutzorganisationen kümmern sich daher gezielt um den Erhalt und Schutz von Wiesen. Vielleicht hast du nach diesem Kapitel ja sogar Lust mitzuschützen!

DA STAUNSTE!

- Streuobstwiesen gelten als ARTENREICHSTE LEBENSRÄUME bei uns in Mitteleuropa.
- In Deutschland stehen noch ungefähr 19.000 QUADRATKILOMETER Wiesen. Wald gibt es fast sechsmal so viel!
- Werden Wiesen nie gemäht, verschwinden sie. Rückt der Bauer zu oft mit der Mähmaschine an, leidet die Vielfalt ebenfalls. ZWEIMAL IM JAHR empfehlen Naturschützer.

WOZU BRAUCHEN WIESEN MENSCHEN?

Ganz einfach: **UM WIESEN ZU BLEIBEN**. So bunt es hier auch wächst und sprießt, so viele Insektenarten sich hier tummeln, sosehr Wiesen ein wichtiger Lebensraum für manchen Vogel oder Nager sind – ohne uns Menschen würde es sie schlicht nicht geben.

Würden Wiesen nicht regelmäßig gemäht, würden sich statt Blumen, Gräsern und Kräutern sehr schnell **STRÄUCHER** und bald **BÄUME BREITMACHEN**. 20, vielleicht 30 Jahre später, und schwupps, ist die schönste **WIESE ZUM WALD** geworden.

Andersherum ist also auch klar: Bevor die Menschen anfingen sesshaft zu werden und Vieh zu halten, das sie im Winter mit dem Heu fütterten, das sie im Sommer gemäht hatten, **GAB ES KEINE WIESEN**. Null, nirgends. **DEUTSCHLAND** war nämlich vor allem **VON WALD BEDECKT**, nachdem die letzte Eiszeit vor etwa 10.000 Jahren endete und das Klima sich deutlich erwärmte. Außer dort, wo die Berge zu hoch waren oder Moore sich breitmachten. Erst ganz allmählich verschwand Baum um Baum, um Platz zu machen eben für Wiesen, Weiden und Felder.

WODURCH SIND WIESEN BEDROHT?

So wie der Mensch die **WIESE ALS LEBENSRAUM** erschaffen hat, geht es auf seine Kappe, dass er nun langsam wieder verschwindet. Der Grund ist einleuchtend: **OFT LOHNT ES SICH NICHT MEHR.**

Waren die Wiesen jahrhundertelang unverzichtbar, um ausreichend **HEU FÜRS VIEH** machen zu können, werden Kuh und Co. heute viel mit industriell erzeugtem Futter versorgt. Das ist billiger – und macht weniger Arbeit. Hinzu kommt, dass durch immer wirksamere Dünger und Pflüge, die immer tiefer die Erde durchfurchen können, auch Flächen zum Anbau von Getreide, Mais oder Raps nutzbar werden, wo einst „nur" Wiesenkräuter sprossen.

Alles in allem also komplett nachvollziehbar – aus Bauernsicht. Aber eine **KATASTROPHE** mit Blick auf die **ARTENVIELFALT**: Wo nur Mais oder Weizen wachsen sollen, ist kein Platz mehr für Feldhasen oder Störche. Naturschützer warnen: Rund 40 Prozent aller Wiesenarten sind mittlerweile gefährdet! Und wo aus Pflanzenreichtum Armut wird, fühlen sich auch kaum noch Tiere zu Hause.

WIE UNTERSCHEIDEST DU WIESEN VON WEIDEN?

Ob Wiese oder Weide, auf beiden sprießen Kräuter und Gräser – und zwar vor allem, damit sich Kuh, Schaf und Pferd daran satt fressen können.

Der Unterschied ist: Auf der **WEIDE** wird sozusagen **FRISCH** serviert. Hier dürfen die Tiere in aller Seelenruhe grasen. Das Grünzeug, das auf **WIESEN** wächst, gelangt dagegen erst auf Umwegen in den Tiermagen: Nachdem es **ABGEMÄHT UND ZU HEU GETROCKNET** wurde.

Ursprünglich sorgten Bäuerinnen und Bauern auf diese Weise dafür, dass ihr Vieh **AUCH IM WINTER** ausreichend zu fressen hatte. Heute, wo viele Tiere das Leben auf der Weide gar nicht mehr kennen, weil sie tagein, tagaus im Stall herumstehen, ist vielfach **SILAGE** zum Futter für alle Jahreszeiten geworden. Du kennst sicher diese weißen Ballen, die oft auf Wiesen herumliegen. Darin wird das frisch gemähte Grünzeug gepresst und gärt dabei. So wird es zu Silage, die noch haltbarer als Heu und vor allem gehaltvoller ist.

WER KOMMT AUS DEM KNICK?

„Komm mal aus dem Knick", sagt man mancherorts zu jemandem, der sich beeilen oder überhaupt erst mal in die Gänge kommen soll. Der Ursprung ist nicht ganz klar. Vielleicht bezieht es sich auf die Körperhaltung. Die ist ja im Sitzen geknickt, im Stehen und Gehen hingegen gerade. Mit Sicherheit hat die Redewendung nichts mit den Knicks zu tun, die du vielerorts auf dem Land als **BEGRENZUNG VON FELDERN, WEIDEN UND WIESEN** sehen kannst.

Diese Art Knick, auch Wallhecke genannt, ist so etwas wie ein **LEBENDER ZAUN**: ein im Schnitt ein Meter hoher **ERDWALL**, auf dem jede Menge Sträucher und Bäume wachsen – und darin und davon wiederum jede Menge Tiere.

Allein in den Knicks des nördlichsten Bundeslandes Schleswig-Holstein sollen bis zu 7.000 unterschiedliche Tier- und Pflanzenarten leben. Knicks gelten daher gerade in Gegenden, wo es viel Landwirtschaft und daher oft wenig Artenreichtum gibt, als wichtige, vielfältige und schützenswerte **LEBENSRÄUME**. Und sozusagen auch als **WALDERSATZ**. Wald gibt es beispielsweise in Schleswig-Holstein nur ein Drittel so viel wie im Rest des Landes. Dafür kommen alle Knicks zusammen auf 45.000 Kilometer Länge – das würde mehr als einmal um die Erde reichen!

LIEGT MAN BESSER AUF HEU ODER STROH?

Im Weihnachtslied heißt es, dass schon „das Kindlein auf Heu und auf Stroh" gelegen haben soll. Heu und Stroh? Heu oder Stroh? Und was ist das überhaupt?

HEU entsteht, wenn man eine Wiese mäht und das Grünzeug trocknen lässt. Auf diese Weise wird es haltbar und kann im Winter **ANS VIEH VERFÜTTERT** werden, wenn draußen nichts Nahrhaftes mehr wächst.
STROH hingegen sind Halme und Blätter vor allem von Getreide, nachdem es geerntet wurde. Es **TAUGT FAST GAR NICHT ALS FUTTER**.

Stattdessen pflügt man Stroh **ALS DÜNGER** wieder auf den Äckern unter. Oftmals über den Umweg Stall, wo es als Unterlage für die Tiere dient, sich mit deren Ausscheidungen vermischt – und so noch besserer Dünger wird. Und damit zurück zu Weihnachten: Im Stall von Bethlehem kann es tatsächlich beides gegeben haben. Das eine als Futter, das andere als – hoffentlich noch unvermischte – Unterlage.

KRIEGT MAN VON HEU HEUSCHNUPFEN?

Eigentlich nicht. Denn streng genommen wird Heuschnupfen durch **POLLEN** ausgelöst, also den Blütenstaub der Pflanzen, der vor allem im Frühling und Sommer durch die Lüfte geweht wird.

Bis die Wiesen gemäht werden, haben die meisten Gräser und Kräuter, die hier stehen, längst ausgeblüht. Trotzdem verursachen auch Heu und Stroh bei vielen Menschen **NIESEN**, **LAUFENDE NASEN UND ROTE AUGEN**. Das liegt jedoch nicht an den Pollen – sondern an den **KLEINSTLEBEWESEN**, die es sich hier inzwischen gemütlich gemacht haben. **VORRATSMILBEN** zum Beispiel.

Auf diese Milben reagieren Allergikerinnen und Allergiker oft genau so empfindlich wie auf deren Verwandte im Hausstaub oder in der Bettdecke.

KÖNNEN WIESEN FETT WERDEN?

Wiese ist nicht gleich Wiese. Es gibt Blumenwiesen, Salzwiesen am Meer, Streuobstwiesen – und auch solche, die Menschen vom Fach als mager oder **FETT** bezeichnen.

FETTWIESEN entstehen, wo **VIEL GEDÜNGT** und **WENIG GEWÄSSERT** wird. Dort sind die Böden dann nämlich besonders reich an Nährstoffen, und die Pflanzen gedeihen besonders schnell: Manche Fettwiese wird bis zu sechsmal im Jahr gemäht!

Das ist schön für die Landwirtinnen und -wirte, die auf diese Weise **JEDE MENGE VIEHFUTTER** erhalten. Für die Natur ist es eher so mittel: Fettwiesen sind nämlich **WENIG VIELFÄLTIG**.

Auf einer **MAGERWIESE** wachsen bis zu viermal so viele Pflanzenarten wie auf einer Fettwiese – aber dafür viel langsamer.

Wer ordentlich Heu machen will, sieht also zu, dass seine Wiesen verfetten. Und daher gibt es von dieser Sorte immer mehr, von den anderen immer weniger. Das hat beispielsweise in der Schweiz schon dazu geführt, dass es sogar ein **SCHUTZPROGRAMM** zum Erhalt der Magerwiesen gibt.

WARUM SOLLTEN BAUERN DROHNEN FLIEGEN?

Wiesen sind zum Mähen da, das ist schon klar. **WIESEN** sind aber eben auch **WICHTIGE LEBENSRÄUME** nicht nur für Pflanzen, sondern **AUCH FÜR VIELE TIERARTEN** – vom Regenwurm bis zum **REH**. Und für die wird es brenzlig, wenn dann der Bauer mit der Mähmaschine anrückt.

Regelmäßig sterben selbst große, scheue und schnelle Tiere in deren Schneidwerken, weil sie nicht rechtzeitig Reißaus nehmen können. Oder weil sie vor Schreck sprichwörtlich gelähmt sind. Schon lange **WERBEN DAHER DIE NATURSCHUTZVERBÄNDE** dafür, die Wiesen vor der Mahd tierfrei zu machen. Eine der neuesten Methoden dabei: **DROHNEN MIT WÄRMEBILDKAMERAS.**

Diese Drohnen erspähen Hase und Igel selbst im höchsten Gras – von wo man sie dann verscheuchen kann, ehe der Traktor heranrollt. Würmern, Raupen oder Käfern ist damit allerdings auch nicht geholfen. Die werden trotzdem nicht selten zerhäckselt. Oder mit dem gemähten Grünzeug zu Silage gepresst.

WO LIEGT DIE MATTE?

Klarer Fall, eine Matte kann in der Turnhalle liegen, vor der Wohnungstür und sogar auf deinem Kopf, wenn du zu lange nicht beim Friseur warst. Sie kann auch zwischen zwei Bäumen gespannt sein, dann nennt man sie Hängematte. Aber was hätte das mit dem Lebensraum Wiese zu tun, um den es doch in diesem Kapitel gehen soll? Nix! Die richtige Antwort heißt daher an dieser Stelle: **IM GEBIRGE**.

Matte ist eine andere Bezeichnung für die **WEIDEN UND WIESEN**, auf denen die Gräser und Kräuter wachsen, mit denen Bergbauern ihr Vieh füttern.

Vor allem in der Schweiz sagt man dazu Matte – was sich hier auch in dem ein oder anderen Ortsnamen niederschlägt, Andermatt oder Zermatt zum Beispiel. Nie gehört, denkst du jetzt vielleicht. In Deutschland und Österreich ist der Begriff tatsächlich auch weniger gebräuchlich. Dort heißt es Alm. Und du so: aaaaah!

WARUM LOBT MAN ÜBER DEN GRÜNEN KLEE?

Über ein Lob freut sich jeder von uns. Jedenfalls, wenn es ehrlich und ernst gemeint ist. Wer sprichwörtlich **ÜBER DEN GRÜNEN KLEE LOBT, ÜBERTREIBT ES** jedoch. Das ist zu viel des Guten, das wirkt unglaubwürdig.
Aber wieso eigentlich Klee? Darauf gibt es leider keine eindeutige Antwort. Niemand vermag mit Sicherheit zu sagen, woher die Redewendung stammt oder wer sie zuerst verwendet hat. Eine mögliche Erklärung: **KLEE** steht nicht nur auf Wiesen – sondern gilt auch als typische Pflanze, die auf Friedhöfen über den Gräbern der Toten wächst.

Nun gehört es zu einer anständigen Beisetzung, dass der oder die Verstorbene eine **GRABREDE** bekommt, ehe man Sarg oder Urne zuschaufelt. Und es ist typisch für solche Reden, dass man darin die guten Seiten des Menschen betont. Selbst wenn es davon nicht viele gab. Es wird dann eben ein bisschen übertrieben, es gibt ein bisschen zu viel des Guten – das hier **ÜBER DEN KLEE DER GRABSTELLE** hinweg behauptet wird.

WEM BRINGT DER MARIENKÄFER GLÜCK?

Roter Rücken, schwarze Punkte, einfach unverwechselbar: Der **MARIENKÄFER** ist nicht nur der wahrscheinlich bekannteste Käfer in unseren Breiten. Sondern auch der beliebteste. Er hat aber auch einfach einen guten Ruf! Als **GLÜCKSBRINGER** wird er oft in einem Atemzug mit Kleeblättern, Hufeisen und Schornsteinfegern genannt.

Schon vor Jahrhunderten waren die Menschen nämlich davon überzeugt, dass die **JUNGFRAU MARIA** persönlich die niedlichen Krabbler auf die Erde geschickt hätte. Daher auch ihr Name: **MARIENKÄFER**. Und wozu? Als **SCHÄDLINGSBEKÄMPFER**!

Ein Bauer, der genug Marienkäfer auf seinen Äckern und Wiesen hat, muss zum Beispiel Blattläuse kaum fürchten. Denn die sind ein gefundenes Fressen für die Käfer, die dann plötzlich gar nicht mehr niedlich sind. Rund 100 Läuse erledigt ein einziger Marienkäfer am Tag. **WAS FÜR EIN GLÜCK!**

WIE GROẞ IST EINE BLATTLAUSFAMILIE?

100 Blattläuse vertilgt ein Marienkäfer an einem einzigen Tag. **MUSS MAN SICH SORGEN**, dass die rot-schwarzen Krabbler irgendwann die letzte Laus verputzt haben werden? **MUSS MAN NICHT!** Denn **BLATTLÄUSE** haben ein ziemlich einfaches Mittel, wie sie ihr Überleben sichern: Sie **VERMEHREN SICH WIE IRRE**! Ein Weibchen kann pro Tag eine ganze Handvoll Läuschen zur Welt bringen, die können wiederum schon nach einer Woche selbst Nachwuchs gebären.

Unter idealen Bedingungen, so hat es mal jemand ausgerechnet, könnte eine einzige Lausmutter in ihrem nur wenige Wochen währenden Leben für **ZEHN MILLIONEN NACHKOMMEN** sorgen, die zusammen 100 Kilogramm auf die Waage brächten. Allerdings eben: könnte und brächten. Glücklicherweise gibt es diese idealen Bedingungen nicht. Schon **EIN EINZIGER MARIENKÄFER** zur rechten Zeit am rechten Ort genügt, die Lausexplosion zu stoppen.

HALTEN TIERE TIERE?

Wir Menschen haben womöglich schon vor mehr als 100.000 Jahren angefangen Tiere zu halten. Den Anfang machte der **HUND**, dann kamen Nutztiere wie **SCHAFE** und **RINDER** hinzu. Sie begleiten uns also schon eine ganze Weile. Und doch erst vergleichsweise kurz. Denn:

AMEISEN halten sich vermutlich schon deutlich länger ihre **NUTZTIERHERDEN**. Und diese bestehen aus, Achtung: **BLATTLÄUSEN**. Was also für den Marienkäfer ein gedeckter Tisch ist, kann unter Umständen unter dem Schutz eines Ameisenvolkes stehen. Und das führt schon mal zu ernsten Auseinandersetzungen: Marienkäfer und Ameise. Aber was wollen die Ameisen mit den Läusen? Sie **MELKEN**! So wie wir Kühe halten, um an deren Milch zu kommen, zapfen die Ameisen den Läusen sogenannten Honigtau ab, einen süßen und nahrhaften Saft.

Ob den Läusen das gefällt? Wahrscheinlich noch weniger als unseren Kühen das Leben als Milchlieferantinnen. Aber sie sind machtlos: Forschende haben herausgefunden, dass die Ameisen bestimmte chemische Stoffe absondern, die die Läuse regelrecht ruhigstellen.

WOVOR WARNT DER LAUSALARM?

Blattläuse zum Dritten! Vielleicht erhalten die kleinen Pflanzensaftsauger hier gerade etwas viel Aufmerksamkeit. Aber diese Geschichte ist einfach zu gut, um sie zu verschweigen: Dass die kleinen Läuschen, wenn kein Ameisenheer sie schützt, schnell von dem einen oder anderen Marienkäfer dahingemetzelt werden, konntest du ja schon lesen. Und natürlich haben sie auch noch jede Menge anderer **FRESSFEINDE**, die es auf die ebenso leichte wie schmackhafte Beute abgesehen haben. Kühe gehören nicht dazu. Trotzdem geht von den großen Huftieren aus Blattlaussicht eine Riesengefahr aus:

Um satt zu werden, muss eine **KUH** 50 Kilogramm Grünzeug abgrasen. Jeden Tag. Das ist vermutlich deutlich mehr, als du wiegst. Ob an den Gräsern und Kräutern, die sie vertilgt, Blattläuse kleben? Interessiert keine Kuh! Aber die Blattlaus. Weil die kleinen Insekten die Rindviecher aber nicht rechtzeitig sehen, haben sie eine Art **INNERE ALARMANLAGE**: Naht eine Kuh, spürt die Laus deren Atem – und lässt sich automatisch zu Boden fallen.

WACHSEN SALZSTREUER AUF WIESEN?

Stiefmütterchen und Fingerhut, Löwenzahn und Küchenschelle: Wiesenpflanzen haben mitunter recht lustige Namen. Salzstreuer ist nicht dabei.

Trotzdem könnte man die Frage halbwegs mit Ja beantworten. Und das geht so: Vor rund 100 Jahren war der österreichisch-ungarische Biologe Raoul Heinrich Francé damit beschäftigt, die Auswirkungen verschiedener Kleinstlebewesen auf die Beschaffenheit des Bodens zu untersuchen. Für seine Versuchsanordnung **BRAUCHTE ER NUN EIN GERÄT**, mit dem sich diese Mikroorganismen gleichmäßig ausstreuen ließen. Das perfekte Vorbild dafür fand er bei der **SAMENKAPSEL DER MOHNBLUME**, die ihren Inhalt, sobald sie angestoßen oder vom Wind gewiegt wird, sehr gleichmäßig durch kleine Löcher verteilen kann. So gleichmäßig, dass Francé einen Streuer im Mohnkapsel-Design sogar zum Patent anmeldete.
Hier endet jedoch die positive Antwort auf die Frage. Zwar wächst auch auf Wiesen Mohn. Aber dessen Kapseln enthalten nach wie vor Samen und kein Salz. Und sowieso wurde Francés Streuer nie in großem Stil gefertigt. Um das Frühstücksei zu salzen, eignete er sich nämlich gar nicht so gut.

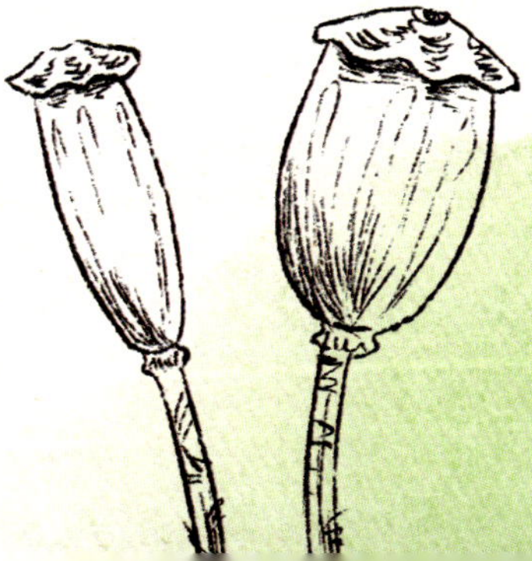

WEN SCHRECKT DIE HEUSCHRECKE?

Okay, wenn dir plötzlich so ein fingerlanges Insekt vor die Nase springt und aus großen, grünen Augen anglotzt, darfst du gern erschrecken. Du darfst dich aber auch gern gleich wieder entspannen: Heuschrecken sind **ABSOLUT UNGEFÄHRLICH**. Schrecken verbreiten die Tiere höchstens, wenn sie millionenfach als Schwärme über Äcker und Felder herfallen und alles kahl fressen. In Mitteleuropa ist das letzte Mal, dass das passierte, allerdings mehr als 250 Jahre her. Der Name der Insekten hat eine ganz andere Bedeutung.

SCHRECKEN heißt nämlich ursprünglich nichts anderes als **AUFSPRINGEN**. Und das ergibt ja ganz viel Sinn. Denn springen können die Insekten wirklich gut.

Wobei ... manche mehr als andere. Denn was du vielleicht auch nicht wusstest: In der Biologie ist Heuschrecke der Oberbegriff für so ziemlich alles, was sich mithilfe stark verlängerter Hinterbeine fortbewegt. **GRASHÜPFER** zählen ebenso dazu wie die **GRILLEN**, deren Zirpen der Soundtrack mancher Sommernacht ist.

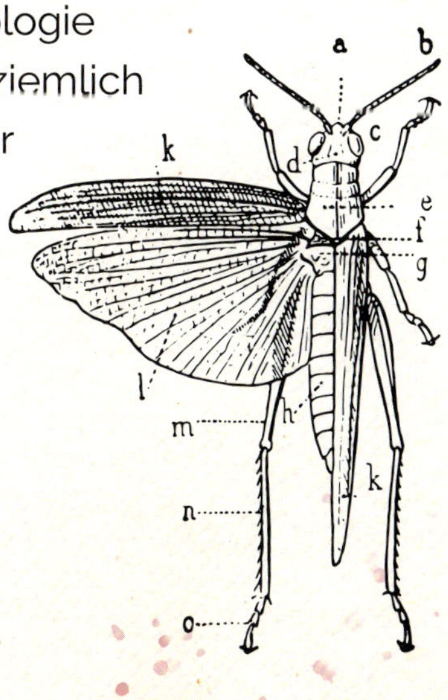

WIE KOMMT DIE GRÜNE WIESE AUF DIE ROTE LISTE?

Dass Wiesen immer seltener werden, weil sie ihren Nutzen für die Landwirtschaft verlieren, konntest du in diesem Kapitel jetzt schon ein paar Mal lesen. Von diesem besonderen Fall war aber noch nicht die Rede. Gemeint ist die **STREUOBSTWIESE**. Das sind Flächen, auf denen locker verteilt Obstbäume herumstehen, zwischen denen aber auch gemäht wird – oder man gleich das Vieh grasen lässt. Obwohl es dann natürlich Streuobstweide heißen müsste, wie du inzwischen weißt.
Bis weit ins vergangene Jahrhundert war diese Art des Obstanbaus weitverbreitet. Dann passierte auch hier, was überall sonst in der Landwirtschaft passierte: Immer weniger Fläche muss immer mehr Ertrag bringen, immer weniger Arbeit zu immer mehr Ergebnis führen. Steht auf einer **STREUOBSTWIESE** alle zehn Meter mal ein Baum, reihen sich im **MODERNEN OBSTANBAU** auf derselben Länge dicht an dicht bis zu zehn Bäume aneinander. Doch neben den Bäumen wächst dann kaum noch etwas anderes. Und **JE WENIGER PFLANZEN, DESTO WENIGER TIERE**.

Streuobstwiesen gelten mittlerweile in ganz Mitteleuropa als einer der **SELTENSTEN LEBENSRÄUME** überhaupt, sie haben es damit auf die **ROTE LISTE** geschafft, das weltweite Verzeichnis gefährdeter Landschaften.

WESSEN ÄPFEL DARFST DU ESSEN?

Wenn du Schneewittchen heißt: besser keinen von Leuten, die du nicht kennst. Für alle anderen gilt: Achtung! Dass die Streuobstwiese nicht eingezäunt ist, bedeutet **NICHT**, dass jede und jeder einfach darauf herumlatschen und nach Herzenslust Äpfel, Birnen oder Pflaumen **NASCHEN** darf.

Die allermeisten Obstbäume und -sträucher sind **PRIVATBESITZ**, und manch ein Besitzer dürfte es nicht lustig finden, wenn man ihm die Ernte wegfuttert, egal, ob gepflückt oder aufgesammelt.

Da kann schon ein einzelner Apfel ein Fall für die **POLIZEI** werden. Denn den sogenannten **MUNDRAUB** gibt es nicht mehr. So nannte man es früher, wenn jemand nur so viel nahm, wie er brauchte, um den gröbsten Hunger zu stillen. Seit fast 50 Jahren ist das aus dem Gesetzbuch gestrichen. Eine Birne von der Wiese zu holen ist daher das Gleiche, wie einen Schokoriegel im Supermarkt mitgehen zu lassen: **STRAFBAR**. Aber es gibt natürlich auch Obstbäume, die tatsächlich niemandem gehören. Aber wo stehen die? Ein gar nicht mehr so geheimer Geheimtipp: Schau mal auf die Internetseite www.mundraub.org. Dort sind viele von ihnen verzeichnet.

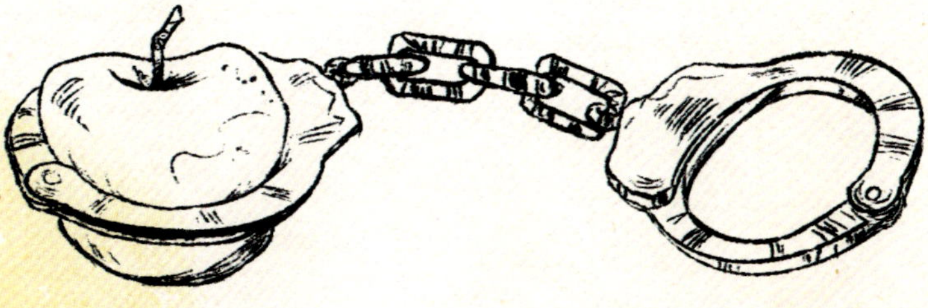

WESSEN ÄPFEL ESSEN MISTKÄFER?

Von den weltweit rund 150 Arten von Mistkäfern kommen etwa zehn auch bei uns vor. Sie im Einzelnen zu unterscheiden, ist ein Fall für Insektenforschende. Spannender ist an dieser Stelle, was die kleinen Krabbler eint. Und das steckt schon im Namen: der **MIST**!

Die Käfer sind nämlich Teil der natürlichen Müllabfuhr: Lässt eine **KUH** einen **FLADEN** auf die Weide platschen oder ein **PFERD** seine **ÄPFEL**, sind die dunkel schillernden Insekten schnell zur Stelle. Denn das ist ihr Leibgericht!

Was aus den Vierbeinern hinten rauskommt, geht bei den Käfern vorne rein. Sie decken sogar ihren Flüssigkeitsbedarf auf diese Weise – weshalb sie auch nur an frischen Fladen und Äpfeln interessiert sind, der Rest ist schnell zu trocken. Allerdings verputzen Mistkäfer nicht alles gleich an Ort und Stelle. Berühmt sind die kleinen **KOTKUGELN**, die sie kunstvoll drehen und dann ganz schnell, ehe sie ihnen jemand streitig macht, zu ihrem unterirdischen Bau kullern. Dort wartet oft schon der hungrige Nachwuchs auf frische Kacke. Na dann, guten Appetit!

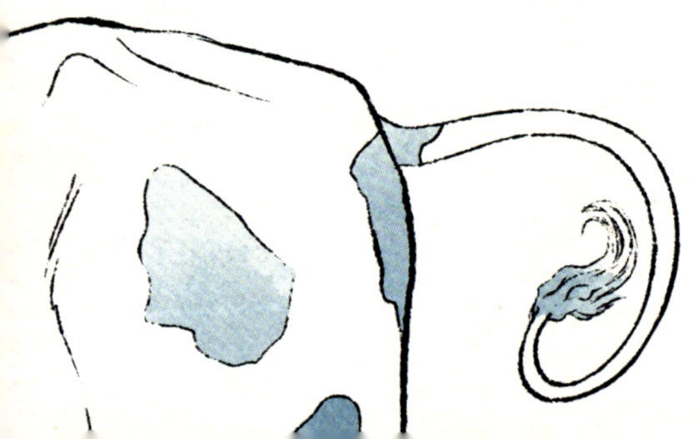

WIRD MAN VOM WEGRAND SATT?

Verwilderte Obstbäume, schön und gut. Wenn du aber Hunger hast und gerade kein Baum in der Nähe ist. Oder du in der falschen Jahreszeit vorbeikommst – was dann? Schon mit ein bisschen Sachverstand kannst du trotzdem satt werden.

Denn erstaunlich viele Wiesenpflanzen, die mitunter an jedem Wegrand wachsen, sind essbar. **LÖWENZAHN** und **GÄNSEBLÜMCHEN**: lecker! **HIRTENTÄSCHEL** und **SPITZWEGERICH**: herrlich aromatisch! Aus **BRENNNESSELN** kannst du Tee oder Suppe kochen. Ihre Blätter sind außerdem gesund, sie enthalten allein sechsmal so viel Vitamin C wie Zitronen.

Und dann gibt es natürlich noch all die vielen Kräuter, die man auch in einer gut sortierten Küche finden kann, von Dill über Schnittlauch. Also schon mal **GUTEN APPETIT** für deinen nächsten Spaziergang über die Wiesen.

WER HAT SICH ZUM FRESSEN GERN?

Die **GOTTESANBETERIN** ist ein faszinierendes Tier. Stundenlang sitzt die Fangschrecke reglos da und lauert auf Beute. Kommt dann zum Beispiel ein unvorsichtiger Käfer des Wegs, schießen ihre Fangbeine hervor und packen das Opfer. Das geht blitzschnell, Gottesanbeterinnen erwischen sogar Fliegen in vollem Flug. Dann gibt es kein Entrinnen mehr, das Schicksal ist besiegelt.
Wenn es dumm für sie läuft, gilt das auch für die Männchen: Oft wird denen noch während der Paarung von den deutlich größeren Weibchen der Kopf abgebissen, danach werden sie gefressen. Eiskalt, aber aus Sicht des Arterhalts nachvollziehbar:

Das Weibchen schlägt auf diese Weise zwei, ähem, Fliegen mit einer Klappe: Sie hat für Nachwuchs gesorgt – und ist dabei noch satt geworden.

Bei **MANCHEN SPINNENARTEN** passiert übrigens das Gleiche. Dort haben Forschende schon beobachtet, dass Weibchen, die zuvor ihren Partner verspeist hatten, sogar mehr Eier legten als andere.

WEM MACHEN STREIFEN ANGST?

Bei uns Menschen heißt es: Streifen machen schlank. Die passende Hose, das passende Hemd – und schwupps kann man ein wenig über die eigene Fülligkeit hinwegtäuschen. Im Tierreich gibt es das auch. Auch das **ZEBRA** will mit seinen Streifen **SEINE WAHRE FORM VERSCHLEIERN**. Das funktioniert so gut, dass selbst **LÖWEN VERWIRRT** sind, wenn eine Zebraherde in Bewegung gerät und die Streifenmuster zu verschwimmen scheinen.

Nun aber zum eigentlichen Thema: **WESPEN**. Die wollen niemanden verwirren. Im Gegenteil. Deren **SCHWARZ-GELB GERINGELTER LEIB** soll allen unmissverständlich entgegenschreien: **ACHTUNG, GEFAHR!** Legt euch nicht mit mir an, ich kann mich wehren! Damit kein hungriger Vogel, keine Libelle oder ein anderer Insektenfresser auf die Idee kommt, sich an einer Wespe zu vergreifen.

Das funktioniert übrigens so gut, dass manche Tiere sich sogar als Wespen tarnen, um unbehelligt bleiben zu können, Zum Beispiel die vollkommen harmlose **SCHWEBFLIEGE**.

STECHEN ALLE WESPEN?

Nein, und zwar gleich doppelt! Erstens mal **STECHEN** bei den Wespen wie auch bei den Bienen nur die **WEIBLICHEN TIERE**. Männliche Exemplare haben **GAR KEINEN STACHEL**. Aber deswegen muss man sich – zweitens – noch längst nicht vor jedem Wespenmädchen in Acht nehmen.

Denn von den ungefähr 4.000 Wespenarten auf der Welt – von denen immerhin einige Hundert auch bei uns herumschwirren – sind nur die allerwenigsten so fies drauf, wie die, mit denen du um den Kuchen streiten musst. Bei uns sind es eigentlich sogar nur zwei: Die **GEMEINE UND DIE DEUTSCHE WESPE**. Selbst die Furcht einflößenden **HORNISSEN** suchen in der Regel keinen Ärger mit uns Menschen. Andere sind gar komplett harmlos. Die **HOLZWESPE** zum Beispiel trägt zwar, ganz standesgemäß, einen **STACHEL**. Aber damit kann sie nicht stechen. Er **DIENT ALS WERKZEUG**, um Löcher in Baumrinden zu bohren. Dorthinein legt die Holzwespe dann ihre Eier.

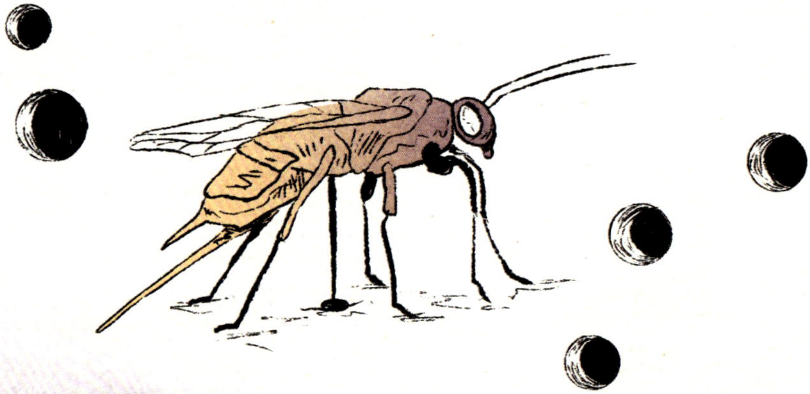

WIE UNTERSCHEIDEST DU BIENEN UND WESPEN?

Honig kommt aus dem Glas, und Kühe sind lila. Manche Kinder, die mehr vor dem Fernseher hocken, als in die Natur zu gehen, stellen sich das zuweilen so vor. Und wenn man denen sagt, sie sollen mal eine Biene malen, kriegt man garantiert ein Insekt mit hellen und dunklen Streifen. So wie sie in den Zeichentrickserien eben auch aussehen. Dabei sind die Streifen bei den Bienen selten so deutlich zu sehen, manche Arten haben gleich gar keine. Und schwarz-gelb sind sie nie.
Anders als die Wespen, die im Sommer beim Pizzaessen nerven, weil sie ständig etwas abhaben wollen. Die, wie du eben schon lesen konntest, tragen das schwarz-gelbe Muster als **WARNUNG**. Eigentlich an Fressfeinde – aber eben auch an dich. Denn eine Wespe ist selbst ein Raubtier. Sie kann ihren Stachel als Waffe immer wieder einsetzen. Anders als Bienen, die nur in der äußersten Not zustechen. Denn sie tun das nur ein einziges Mal und sterben meist daran. Ach so: Pizza war übrigens auch schon ein gutes Stichwort.

BIENEN SIND PFLANZENFRESSER und haben es auf Pollen und Nektar abgesehen. Deine Pizza, dein Käsebrot, der Eisbecher auf dem Balkontisch? Interessieren sie nicht. **WESPEN** umso mehr!

WAS VERDIENT EINE BIENE?

KURZE ANTWORT: UNSEREN DANK! Denn ohne Bienen gäbe es erheblich weniger zu essen auf der Erde. Und **HONIG** ist damit nur am Rande gemeint. Bienen, aber auch manche anderen Insekten und sogar Vögel sind als **BESTÄUBER VIELER PFLANZEN** unerlässlich.

Würden sie nicht von Blüte zu Blüte fliegen und dabei den Pollen mit sich tragen, würden allein drei Viertel aller Pflanzen, die wir für unsere Nahrung anbauen, weniger oder gar keine Früchte mehr tragen. Dann käme zum Beispiel **KAUM NOCH OBST ODER GEMÜSE** auf den Teller. Andersherum – und weil ja die Frage nach dem Verdienst war – kann man auch sagen: Nach Schätzungen ist die weltweite Bestäubungsleistung von Bienen und Co. jedes Jahr mehr als 150 Milliarden Euro wert, das ist rund ein Zehntel des Gesamtwertes der weltweiten Nahrungsmittelproduktion!

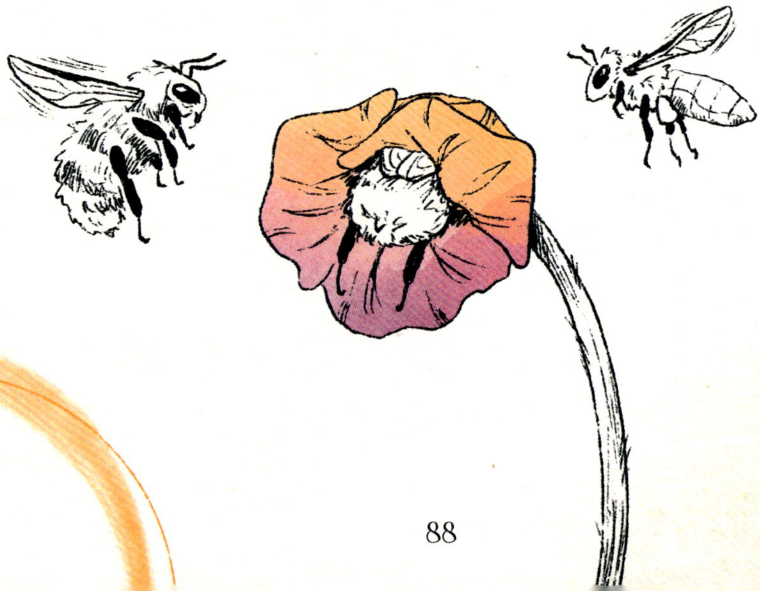

WARUM STECHEN MÜCKEN?

Bienen verteidigen sich mit ihrem Stachel, Wespen dient er als Jagdwaffe beim Beutezug. Und Mücken? Zunächst mal haben die gar keinen Stachel. Was sich dir in die Haut bohrt und diese fiesen, juckenden Stellen hinterlässt, ist ein **SAUGRÜSSEL**. Mit anderen Worten: ein Mundwerkzeug.

Denn **MÜCKEN WOLLEN JA DEIN BLUT**. So wie zum Beispiel auch Zecken, Läuse oder Flöhe. Allerdings nicht, weil sie sich wie diese davon ernähren. Nein, die Mücke braucht dein Blut, **UM SICH FORTPFLANZEN ZU KÖNNEN**.

Blut enthält nämlich bestimmte Eiweiße, die nötig sind, damit das Mückenweibchen überhaupt Eier bilden kann. Genau – das Weibchen! Das haben die kleinen Nervensägen dann doch wieder mit Biene und Wespe gemein: Nur die weiblichen Vertreter stechen zu.

MUSST DU AM WIESENRAND LÖWEN FÜRCHTEN?

Natürlich nicht. Die Raubkatzen leben schließlich in Afrikas Savannen und nicht auf unseren heimischen Streuobst- oder Magerwiesen.

Wo es aber sandig und trocken genug ist, kannst du zuweilen andere Löwen antreffen: **AMEISENLÖWEN**. So heißen die Larven der Ameisenjungfer, ein Insekt, das der Libelle ähnelt und mit der Florfliege verwandt ist.

Und die sind **GNADENLOSE KILLER**. Jedenfalls für jede Art Beute, mit denen die maximal 1,5 Zentimeter langen Tierchen fertigwerden. Die meisten Ameisenlöwen sind **LAUERJÄGER**. Sie buddeln kleine Trichter in den Sand und verstecken sich an deren Boden. Naht ein Opfer, eine Ameise oder ein anderes saftiges Insekt, beginnt der Ameisenlöwe, es mit Sand zu bewerfen. So lange, bis es über den Trichterrand kippt und die bröseligen Wände hinabrutscht, ohne Halt zu finden. Am Boden des Trichters wird es dann von den kräftigen Kieferzangen gepackt, mit Gift betäubt und genüsslich verspeist.

WAS STIEHLT DER RIESENBÄRENKLAU?

Ihren Namen trägt diese Pflanze zu Recht – in mehrfacher Hinsicht:

Der **RIESENBÄRENKLAU** wächst locker in kürzester Zeit bis zu drei Meter in die Höhe. In seinem Schatten wächst dann nicht mehr viel anderes. **ER STIEHLT ALSO SCHON MAL SONNENLICHT.** Weil das Doldengewächs zudem extrem erfolgreich darin ist, seine Samen in alle Himmelsrichtungen zu verteilen, sprießt es wie blöde, wenn ihm niemand Einhalt gebietet. Der Riesenbärenklau macht sich breiter und breiter und **VERDRÄNGT HEIMISCHES GRÜNZEUG** auf diese Weise von der Wiese.

Er selbst ist nämlich gar nicht von hier. Er stammt ursprünglich aus dem Kaukasus und kam erst im 19. Jahrhundert nach Europa, wo er zunächst als Gartenpflanze Karriere machte. Bis dann … na, siehe oben. Seit 2017 ist daher in der gesamten Europäischen Union die Vermehrung, Freisetzung und Beförderung verboten. Mehr noch, alle Länder sind verpflichtet, die weitere **AUSBREITUNG ZU BEKÄMPFEN**! Aber versuch ja nicht, mit bloßen Händen, einen Riesenbärenklau auszureißen. Das gibt unschöne Blasen und Quaddeln auf der Haut. **GIFTIG** ist er nämlich obendrein.

WACHSEN ALLE PFLANZEN ZUM LICHT?

Pflanzen brauchen Licht zum Leben. Aus **LICHT**, **WASSER** und dem **KOHLENDIOXID** aus der Luft stellen sie bei der sogenannten **FOTOSYNTHESE** **SAUERSTOFF** her, den sie wieder an die Luft abgeben – und **TRAUBENZUCKER**, den sie zum Wachsen benötigen. Also kein Wunder, dass viele Pflanzen versuchen, möglichst viel Licht zu ergattern. Beziehungsweise verkümmern, wenn sie zu schattig stehen.

Eine Meisterin darin ist die **SONNENBLUME**, das deutet schon ihr Name an. Sie ist nämlich – Achtung: Angeberwort! – **HELIOTROP**. Das bedeutet, sie dreht sich immer zur Sonne hin. Ob einzeln auf der Wiese oder zu Tausenden als ganzes Feld: Im Laufe eines Tages drehen sich die Blüten mit dem Sonnenstand und zeigen morgens nach Osten, mittags nach Süden, abends nach Westen. Während der Nacht geht es dann zurück in die Ausgangsposition.
Es gibt aber auch Pflanzen, die tun das genaue Gegenteil. Die sogenannte **KOMPASSPFLANZE** dreht ihre Blätter stets mit dem Rand in Richtung Sonne, sodass sie möglichst wenig Licht abbekommt. Das hat Vorteile: So erhitzt sich das Gewächs weniger und braucht seltener Wasser.

WER BRINGT DEM WALDRAPP FLIEGEN BEI?

Deine erste Frage könnte natürlich sein, was der **WALDRAPP** eigentlich in diesem Kapitel zu suchen hat! Doch lass dich nicht vom Namen täuschen: Meistens sind die seltsamen Vögel nämlich **AUF WIESEN ANZUTREFFEN**, wo sie mit den langen Schnäbeln, die aus ihren kahlen Köpfen ragen, nach Würmern und Insekten picken.
Wobei … „meistens“ ist trotzdem ziemlich selten. Der Waldrapp war zwar lange Zeit in ganz Europa Zeit verbreitet, allerdings auch beliebt – als Abendessen. So beliebt, dass er bereits **VOR 400 JAHREN KOMPLETT AUSGEROTTET** und irgendwann sogar vergessen war. Doch vor einigen Jahren nahmen sich **NATURSCHÜTZENDE** vor, die Vögel bei uns wieder anzusiedeln. Unter anderem gibt es in Österreich und Süddeutschland **AUSWILDERUNGSPROJEKTE**.

Anfangs gab es damit jedoch ein Riesenproblem beim Auswildern: **WALDRAPPE** sind nämlich **ZUGVÖGEL** wie Gänse oder Störche. Nur hatten die ausgewilderten Exemplare keinen Plan, wohin sie eigentlich ziehen sollten. Was jetzt kommt, klingt verrückt: Die Naturschützer **ZOGEN SICH FEDERKLEIDER AN**, setzten sich in Leichtflugzeuge und taten so, als wären sie die Leitvögel. So brachten sie die Tiere sicher über die Berge – und ihnen gleichzeitig die richtigen Flugrouten bei.

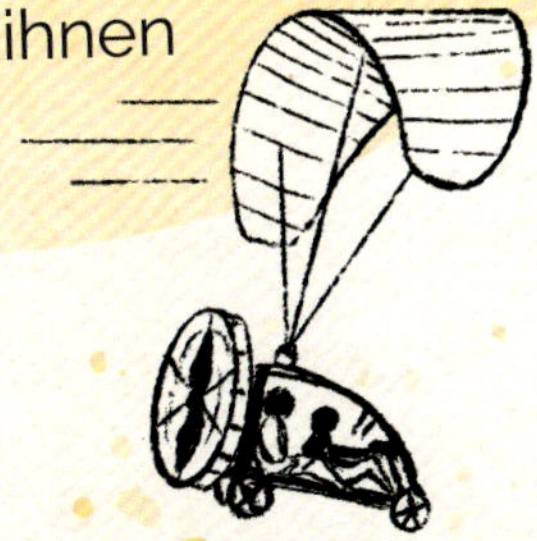

WIE VIELE SCHWALBEN MACHEN EINEN SOMMER?

Schwalben zählen wie Waldrapp, Storch oder Kranich zu den Zugvögeln. Eine von ihnen hält sogar den Weltrekord im Langstreckenflug. Weil viele **KÜSTENSEESCHWALBEN** den Sommer in der Arktis und den Winter in der Antarktis verbringen, müssen sie innerhalb eines Jahres fast einmal um die Erde fliegen! Die meisten unserer **HEIMISCHEN ARTEN** sind dagegen nicht ganz so viel unterwegs, deren Reise endet spätestens in Südafrika – Luftlinie aber immerhin auch 9.000 Kilometer von hier. Dorthin brechen sie im Herbst auf, wenn es ihnen hier zu kalt wird. Ab März bis in den Mai kehren sie dann zuverlässig wieder heim.

Daher gelten die **SCHWALBEN** schon seit Urzeiten als **BOTEN DES BEVORSTEHENDEN SOMMERS**.

Hört man auf den Rat des griechischen Dichters Äsop, der vor rund 2.500 Jahren lebte, sollte man sich dabei aber nicht gleich auf die erste Sichtung verlassen. In einer seiner berühmten Fabeln verkauft ein Mann das Letzte, was er besaß: seinen Mantel. Nur weil er die erste Schwalbe gesehen hatte. Dann kehrte der Winter doch noch mal zurück, der Vogel erfror, und der Mann stand dumm da.

KÖNNEN SCHWALBEN IN DIE ZUKUNFT SEHEN?

Von Schwalben als Sommerboten war gerade die Rede. Aber die Vögel können uns auch über kurzfristigere Dinge Auskunft geben. Etwa über das **WETTER**. Achte einmal darauf, wenn du die Vögel mit dem typischen Gabelschwanz siehst, wo du sie siehst.
Fliegen Schwalben **HOCH OBEN AM HIMMEL** – oder gleiten sie nur **KNAPP ÜBER DEN BODEN**, haarscharf, als würden sie gleich mit ihren Flügeln die Wiese abrasieren. Letzteres ist ein ziemlich sicherer Hinweis darauf, dass schlechtes Wetter und **REGEN** drohen. Denn das tun sie immer, wenn der Luftdruck niedrig ist. Und wenn der **LUFTDRUCK NIEDRIG** ist, bleiben zum Beispiel Mücken und Fliegen in Bodennähe. Das zieht die hungrigen Schwalben an. Es gibt dazu sogar eine **BAUERNWEISHEIT**:

„Siehst du die Schwalben niedrig fliegen, wirst du Regenwetter kriegen." Und kommt die Sonne wieder raus und **STEIGT** der **LUFTDRUCK**, werden die Insekten in die Höhe getragen – und die Schwalben folgen ihnen.

WAS WISSEN GÄNSEBLÜMCHEN?

Warst du schon mal **VERKNALLT** – und wusstest nicht, ob deine Gefühle auf Gegenliebe stoßen? Ganz normal! Nun gibt es die mutigeren Zeitgenossen, die die angebetete Person direkt ansprechen. Und dann gibt es alle anderen. Wie bekommen die eine verlässliche Antwort?

Manche vertrauen auf das **GÄNSEBLÜMCHEN-ORAKEL**. Das geht so: Man pflücke eines, dann reiße man die schmalen, weißen Blätter, die in Wahrheit Zungenblüten heißen, eines nach dem anderen aus und sage dabei abwechselnd die Sätze: **„SIE (ODER ER) LIEBT MICH“** und **„SIE (ODER ER) LIEBT MICH NICHT“**. Die Wahrheit erfährst du, wenn du das letzte Blatt herauszupfst.

Glaubst du nicht dran? Vernünftig, ist nämlich **PURER ABERGLAUBE**. Und sogar beeinflussbar: Untersuchungen haben ergeben, dass die Blumen zwar eine schwankende Anzahl von Zungenblüten haben. Am häufigsten sind es aber 34. Du kannst dir also leicht ausrechnen, mit welchem Satz du anfangen musst, um zum gewünschten Ergebnis zu kommen.

WOVOR WARNT DER FUCHS?

Entschuldigung, eigentlich hätte die Frage lauten sollen: Wovor warnt der GROßE FUCHS? Das ist kein Sternbild und auch kein indianisches Totemtier – sondern eine SCHMETTERLINGSART. Wenn du einen Falter erblickst, der auf orangeroten Flügeln mit schwarz-gelben Mustern und einer dunklen Umrandung über die Wiesen flattert, dann ist das … in der Regel ein KLEINER FUCHS. Sein Vetter, der Große Fuchs, ist nämlich selten geworden: Zu viele Landwirtschaftsflächen, auf denen Pflanzen wachsen, mit denen er nichts anfangen kann. Zu viele Pestizide, die den Bauern Ungeziefer vom Hals halten sollen, aber leider auch den Schmetterling töten. Und der ist schlicht zu empfindlich und zu anspruchsvoll, um in dem, was von der Natur geblieben ist, klarzukommen.

Wo der Große Fuchs zu finden ist, weiß man also, ist die natürliche Vielfalt noch in Ordnung. Nicht aber dort, wo er verschwunden ist. Das kann Forschenden wichtige Hinweise geben. Weil er so empfindlich auf Veränderungen reagiert, wird der Große Fuchs deshalb zu den – Achtung: schweres Wort – BIOINDIKATOREN gezählt.

WEM LEUCHTET MEISTER LAMPE?

Beim Schreiben achten wir Autoren ja immer darauf, dass sich Wörter nicht zu oft wiederholen. Denn das ist langweilig. Und außerdem soll uns ja niemand für fantasielos halten. Nach dem dritten Mal „Mond" schreibt man daher schon mal „Erdtrabant" oder „Nachtgestirn" oder so. Nach dem dritten Mal „**FELDHASE**" könnte ein „**MEISTER LAMPE**" folgen. Denn das ist seit Jahrhunderten so etwas wie der Zweitname der Tiere. Er geht auf die mittelalterliche Erzählung zurück, die du vielleicht als „Reineke Fuchs" kennst. Eine Figur darin ist der Hase Meister Lamprecht. Lampe ist sozusagen die Kurzform davon. Und damit ist auch klar: Der leuchtet niemandem. Oder doch?

Tatsächlich wird in der Jägersprache der **HELLE FLECK AM HINTERTEIL** der Hasen als **LAMPE** bezeichnet. Und der sticht natürlich schon hervor. Allerdings haben Experimente ergeben, dass die Lampe einen hakenschlagenden Hasen auf der Flucht sogar schwerer zu verfolgen machte. Offenbar weil das ständige Auftauchen und Verschwinden des Flecks das Auge der Jäger verwirrte.

WO WACHSEN GRASHALME WIE WOLKENKRATZER?

Auf jeder Wiese, das ist ja nur eine Frage des Blickwinkels. Während du problemlos durch kniehohes Gras läufst, wirkt das für manch kleineres Lebewesen gigantisch groß und unerreichbar weit weg. Tatsächlich **UNTERTEILEN** Naturkundige die **WIESEN** genauso **IN UNTERSCHIEDLICHE STOCKWERKE** und damit Lebensräume, wie sie das auch im Wald tun.

Es beginnt mit der **BODENSCHICHT**, sozusagen dem Kellergeschoss, wo Maulwurf und Regenwurm zu Hause sind, aber auch Mäuse und Kaninchen ihre Baue graben. Darüber liegt die **STREUSCHICHT**. Hier leben Käfer und andere Insekten, die nicht oder nur selten fliegen. Weiter geht es in die **BLATT- UND STÄNGELSCHICHT**. Das ist der Lebensraum vor allem jener Insekten, die von pflanzlicher Nahrung leben, also zum Beispiel Blattläuse. Hier spannen aber auch Spinnen ihre Netze, um einzufangen, wer unvorsichtig zwischen Blättern und Stängeln umherfliegt. Was im Wald schließlich die Wipfel sind, stellen auf der Wiese die **BLÜTEN** dar, das Revier von Bienen und Hummeln – oft nur wenige Zentimeter von der tiefstgelegenen Schicht entfernt und doch so unerreichbar für jeden Regenwurm, wie man eine Maus in der Baumkrone antreffen wird.

WER HAT RICHTIG HOLZBOCK?

HOFFENTLICH NIEMAND! Doch bist du den ganzen langen Sommertag über grüne Wiesen getobt, hast dich im Wald vergnügt oder auch nur im Gras gelegen und in diesem Buch hier gelesen, kann es leider passieren: Dann hast du Bock, genauer gesagt – den **GEMEINEN HOLZBOCK**. Das ist kein Möbelstück, sondern die bei uns mit Abstand **HÄUFIGSTE ZECKENART**. Die nur drei Millimeter kleinen Krabbler lauern bevorzugt in der Blatt- und Stängelschicht. Anders als ihre Verwandten, die Spinnen, die hier auf unvorsichtige Insekten aus sind, haben es Holzböcke auf deutlich größere Opfer abgesehen. Darunter Menschen. Anders als die Spinnen wollen sie ihre Opfer aber nicht auffressen – sondern anzapfen. Bleiben sie unentdeckt, **TRINKEN** sie gern mal eine Woche lang **DEIN BLUT** und wachsen dabei auf das 200-fache ihrer ursprünglichen Größe. Klingt gruselig, müsste es aber eigentlich nicht sein. Selbst vollgesogen sind sie kaum größer als eine Erdnuss.

Die Blutmenge, die du an **ZECKEN** verlierst, ist kaum der Rede wert. Nur leider **ÜBERTRAGEN** sie richtig **FIESE KRANKHEITEN** wie **HIRNHAUTENTZÜNDUNG** und **BORRELIOSE**. Daher ganz wichtig, nach jedem Ausflug in die Natur: **ZECKENKONTROLLE!**

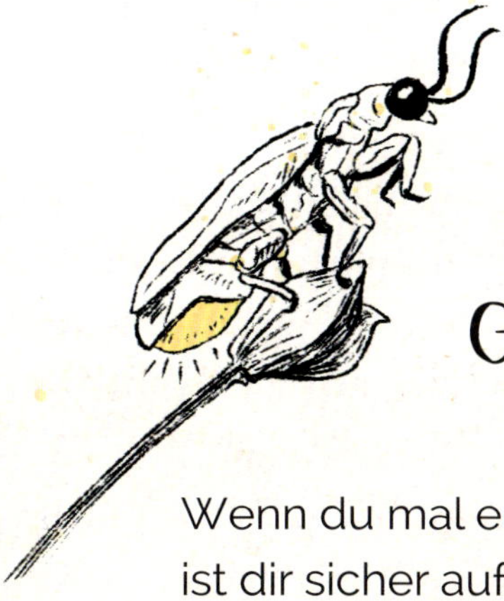

WARUM STRAHLEN GLÜHWÜRMCHEN SO?

Wenn du mal ein Glühwürmchen bei Tageslicht gesehen hast, ist dir sicher aufgefallen: Die haben Beine! Nicht sehr typisch für einen Wurm. Tatsächlich ist das Glühwürmchen auch keiner, sondern ein **KÄFER**. Der richtigere Name ist daher auch **LEUCHTKÄFER**. Aber das nur am Rande. Die Frage war ja, warum die Tierchen überhaupt so auffällig leuchten. Und darin liegt schon die halbe Antwort:

UM EBEN AUFZUFALLEN. Bei den meisten bei uns heimischen Leuchtkäfern sind es die Weibchen, die besonders hell strahlen. Die sitzen dann in lauen Sommernächten herum und warten darauf, von Männchen gefunden zu werden.

Diese können zwar selbst meist nicht so toll glühen. Dafür können sie fliegen und dabei nach der strahlendsten Braut Ausschau halten. Eine geniale Strategie!
Allerdings nicht nur mit Vorteilen: Weil es **IN UNSEREN STÄDTEN** und dort selbst in den Parks und Gärten gar **NICHT MEHR RICHTIG DUNKEL** wird vor lauter Straßenlaternen, Ampeln, Scheinwerfern, fällt das Glühen der Würmchen nicht mehr auf wie früher. Durch diese sogenannte Lichtverschmutzung wird die **PARTNERSUCHE SCHWIERIGER**, und schlimmstenfalls bleibt irgendwann der Nachwuchs aus.

BRINGT DER STORCH DIE KINDER?

Im Tierreich entsteht Nachwuchs in der Regel, wenn sich ein Männchen und ein Weibchen paaren. Das gilt auch für uns Menschen, das kann uns kein Storch abnehmen – und soll er ja auch gar nicht. Trotzdem wurde diese Geschichte jahrhundertelang vor allem Kindern so erzählt. Warum? Zunächst mal natürlich, weil man sich in früheren Zeiten deutlich schwerer tat, über Sex und Aufklärung zu sprechen, als das heute der Fall ist.

Warum dann ausgerechnet der Storch einspringen musste? Dafür gibt es verschiedene Erklärungen: **STÖRCHE** waten gern **IM WASSER** herum. Und das ist schon immer **EIN SYMBOL FÜR FRUCHTBARKEIT**. Manche Leute glaubten sogar, dass unsere Seelen im Wasser auf ihre Geburt warten würden. Beziehungsweise, bis der Storch sie aufpickt.

In Wahrheit pickt er natürlich keine Seelen, sondern **Frösche**. Doch selbst das passt! Denn auch die quakenden Amphibien galten lange als Fruchtbarkeitssymbole. So wurde zum Beispiel **HEKET**, die Göttin der Geburt im alten Ägypten, in **FROSCHFORM** dargestellt.

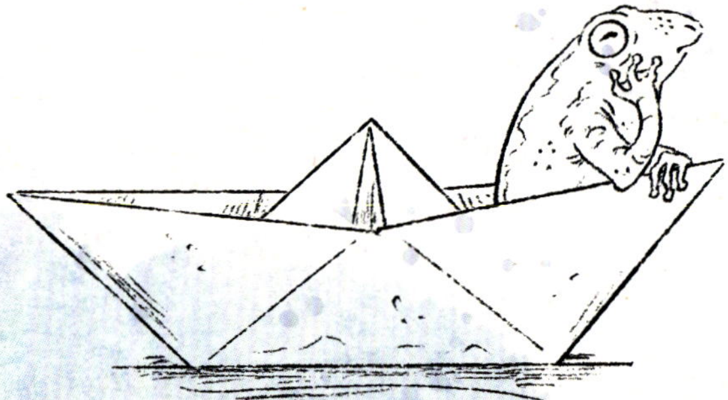

AM WASSER

Nach deinen Wanderungen durch Wald und über Wiesen hast du dir jetzt eine Verschnaufpause verdient. Komm, setz dich ans Ufer und lass die Füße im Wasser baumeln. Herrlich erfrischend, das kühle Nass in diesem … ja, was eigentlich: **BACH** oder **FLUSS**? **TEICH** oder **SEE**?
Falls du die **UNTERSCHIEDE** nicht kennst, einfach umblättern. Auf den kommenden Seiten erfährst du das eine oder andere darüber. Und noch jede Menge mehr.

Denn es geht natürlich nicht nur um das Wasser selbst – sondern auch um alles, was darin und daran lebt. Um Tiere, um Pflanzen.

Du wirst endlich der Eintagsfliege begegnen, die diesem Buch den Namen gegeben hat – wobei: welcher genau? Immerhin gibt es sie in 3.000 verschiedenen Arten! Du wirst Antwort auf die Frage bekommen, ob Fische eigentlich trinken müssen und welches Wasser du selbst gefahrlos in dich reinkippen kannst und von welchem du lieber die Finger lässt.

Übrigens: Deutschland gilt als **WASSERREICHES LAND**. Schaust du auf eine Karte, kannst du gut erkennen, dass sich kreuz und quer durchs Land Wasserläufe ziehen.

Und wo Flüsse fehlen, stellen **KANÄLE** Verbindungen her. Das sieht fast aus wie ein Wegenetz – ähnlich den Autobahnen und Landstraßen oder Bahnstrecken, die unsere Städte und Dörfer verbinden. Und so ähnlich ist es ja auch: Allein knapp 7.500 Kilometer sogenannter Bundeswasserstraßen gibt es offiziell bei uns, die per **SCHIFF** befahrbar sind. Die werden aber natürlich auch von vielen **WASSERBEWOHNERN** genutzt. Manchmal auch von solchen, die hier eigentlich gar nichts zu suchen haben. Manchen von denen gefällt es aber offenbar sehr gut. Beispielhaft ist hier vielleicht die Geschichte vom Großen Höckerflohkrebs. Nie gehört? Macht nichts, ich werde euch gleich miteinander bekannt machen. Also, ich hoffe, du bist ausgeruht und vom kühlen Fluss- oder Bach- oder welchem Wasser auch immer gut erfrischt.

DA STAUNSTE!

- Der längste Fluss der Erde ist mit **MEHR ALS 6.600 KILOMETER** Länge der Nil in Afrika.
- Die Donau, der **LÄNGSTE FLUSS IN DEUTSCHLAND**, ist nicht einmal halb so lang!
- Der Bodensee ist **DER GRÖSSTE UND TIEFSTE SEE** bei uns.
- Darin findet man auch die größten heimischen Süßwasserfische: Flusswelse können drei Meter lang und **150 KILO** schwer werden.

WANN WIRD DER BACH ZUM FLUSS?

Fließt durch deine Stadt ein **BACH** oder ein **FLUSS**, oder ist es gar ein **STROM**? Die Antwort darauf ist ähnlich vertrackt wie die, ab wann ein Haufen Bäume sich Wald nennen darf. Sie hängt am Ende davon ab, wen du fragst. Da geht es mal um die Länge und Breite, mal um die Wassermenge oder gar die Beschaffenheit des Ufers.

Unter zehn Metern von einem zum anderen Ufer sprechen beispielsweise **GEOGRAFINNEN UND GEOGRAFEN** noch von einem Bach, erst darüber ist es ein Fluss. Oder ein Strom – wenn das Gewässer am Ende ins Meer mündet.

Wobei es hier schon wieder Uneinigkeit gibt: Die einen sagen, klar, was sich schließlich in Nord- oder Ostsee ergießt, ist ein Strom. Selbst wenn das Gewässer auf dem Weg bis dahin gar nicht viel Strecke gemacht hat. Anderen geht das zu weit, sie finden, auf mindestens 500 Kilometer Länge müsse so ein Fluss es schon bringen, um Strom zu heißen. Und dann bleiben in Deutschland nicht viele übrig. Allein **DONAU, RHEIN, ELBE UND WESER** erfüllen diese Bedingungen.

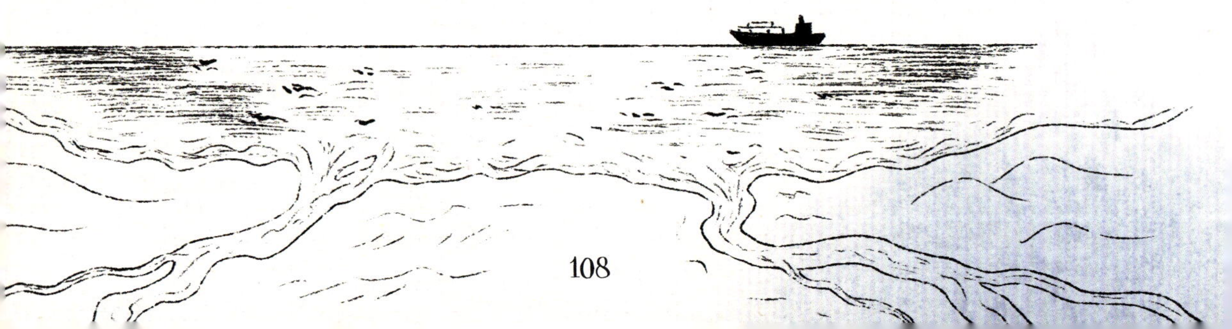

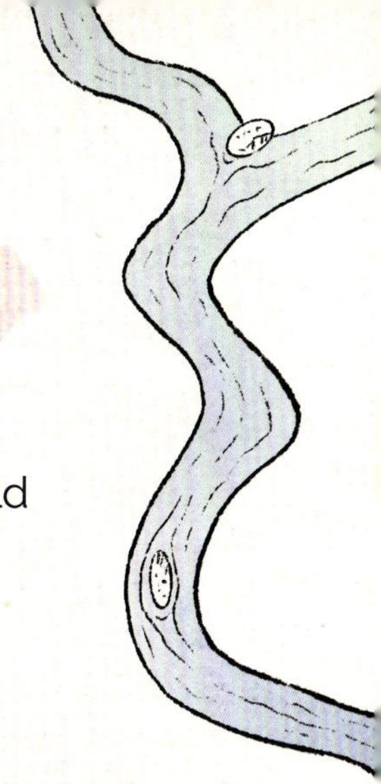

WO FLIEẞT ES AM LÄNGSTEN?

Eindeutiger kann man eine Frage kaum stellen, oder? Aber erinnerst du dich an jene nach dem größten Wald so ziemlich am Anfang des Buches? Da tauchte ein ähnliches Problem auf: So wenig Wälder sich um Landesgrenzen scheren, tun das Flüsse – oder Seen, um die es auch gleich noch gehen wird.

Wenn man sich das zum Vorbild nimmt, würde die **DONAU** unangefochten **AUF PLATZ 1** stehen. Die ist mit 2.857 Kilometern von der Quelle bis zur Mündung sogar mehr als doppelt so lang wie der **ZWEITPLATZIERTE RHEIN** mit seinen 1.232 Kilometern. Allerdings fließt der auf rund zwei Dritteln davon durch Deutschland. Bei der Donau ist dagegen nach den ersten knapp 700 Kilometern Schluss, nach gerade mal einem Viertel der Strecke! Dahinter folgen noch neun weitere Länder.

An wen geht also die Siegerurkunde? Entscheide selbst!

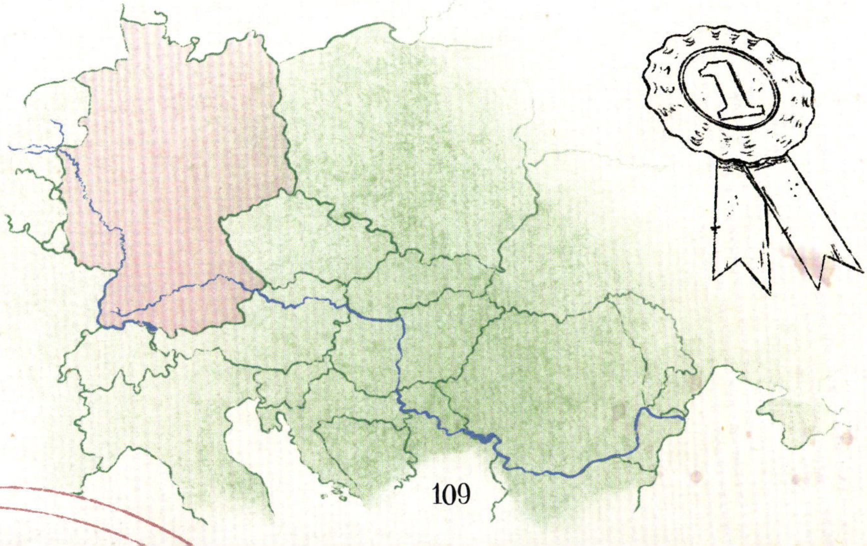

WER SPIELT AN WELCHEM UFER?

Eines der größten Schachturniere der Welt wird Jahr für Jahr in Hamburg ausgetragen. Bis zu 4.200 Schülerinnen und Schüler treten mit ihren Teams gegeneinander an, um herauszufinden, wer besser mit Dame und König umgehen kann: das linke oder das rechte Alsterufer. Die **ALSTER** ist nach der Elbe der zweitgrößte Fluss, der durch **HAMBURG** fließt und es von Nord nach Süd ziemlich genau in zwei Hälften teilt – auf dem Stadtplan sehr gut zu erkennen: eine liegt links, eine rechts. Und jetzt kommt's:

Was auf dem Plan die linke Stadthälfte ist, gilt als rechtes Ufer und umgekehrt. Und das ist sogar korrekt. Denn dabei wird die sogenannte **OROGRAFIE** angewendet, ein Spezialgebiet der Erdkunde. Nach deren Regeln gilt für alle Flüsse, Bäche und Ströme, dass man nach der Fließrichtung geht.

Nicht nur in Hamburg: Die Rive Gauche, das berühmte Künstlerviertel von **PARIS**, findest du auf dem Stadtplan nicht links, wie der französische Name andeutet. Auch nicht rechts, sondern unten: Die Seine fließt nämlich von Ost nach West durch Paris.

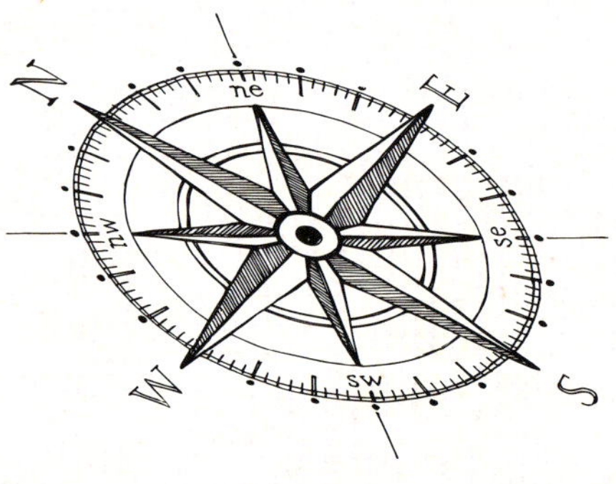

WIE KOMMT MAN ÜBERS WASSER?

FLÜSSE stellen schon immer natürliche Grenzen dar. Schau nur mal auf eine Landkarte, und du stellst fest: Viele **GRENZEN** zwischen Gemeinden bis hin zu ganzen Ländern folgen bis heute Flussläufen. Hat ja auch viele Vorteile: Ein Fluss ist gut zu erkennen und ersparte es einem in früheren Zeiten, Grenzwälle oder sonstige Befestigungen zu bauen, um das eigene Land zu schützen.
Umgekehrt stellen Flüsse allerdings auch dort natürliche Grenzen dar, wo sie gar nichts trennen sollen. Weil sie eben verhindern, dass man ohne Weiteres von einem Gebiet in das andere gelangt. Aber der Mensch ist ja pfiffig und hat daher die **BRÜCKE** erfunden.

In der Steinzeit waren Brücken meist nicht mehr als Baumstämme, die man übers Wasser legte – was natürlich nicht für jeden Fluss ausreicht. Aber bald wurde die Technik raffinierter, die Brücken wurden und hielten auch länger.

Die **ÄLTESTE BRÜCKE** in Deutschland haben die Römer hinterlassen. Sie führt **IN TRIER ÜBER DIE MOSEL**, und zwar seit bald 1.900 Jahren. Die **LÄNGSTE** überbrückt die Auenlandschaft der Flüsse Saale und Weiße Elster in Sachsen-Anhalt und misst erstaunliche 6,5 Kilometer von einem Ende zum anderen.

WO FÄLLT DAS WASSER AM TIEFSTEN?

In den Bergen kannst du manchen Bach bestaunen, der sich quasi todesmutig in die Tiefe stürzt. Wobei es einem Wasserfall, anders als dir, natürlich wenig ausmacht. Wer von ihnen der absolute **REKORDHALTER** ist? Das ist umstritten und hängt davon ab, wie und was man dabei eigentlich misst.

So bewirbt das Landesmarketing **BADEN-WÜRTTEMBERG** die Triberger Wasserfälle im Schwarzwald mit **163 METER FALLHÖHE** als Deutschlands Nummer eins. Und super bequem für staunende Besucherinnen und Besucher: Die Wege, von denen aus man das Tosen und Rauschen betrachten kann, sind asphaltiert und bis zehn Uhr abends beleuchtet.

In **BAYERN** sieht man das etwas anders. Hier gilt als unangefochtener Champion der Röthbachfall mit sage und schreibe **470 METERN**. Da wird allerdings, hüstel, auch der nachfolgende Sturzbach mitgerechnet. Und nun? Ich würde sagen: hinfahren, angucken und eigenes Urteil bilden.

WER HAT DEN KANAL VOLL?

Rinnsal, Bach, Fluss, Strom: Wenn du das nächste Mal an einem Ufer stehst, über eine Brücke gehst, müsstest du jetzt eigentlich ganz gut einschätzen können, mit was für einem Gewässer du es zu tun hast. Es kann aber auch sein, dass es nichts davon ist. Weil du an einem **KANAL** stehst. Da viele unserer Flüsse über die Jahre begradigt wurden und auch nicht immer reißend schnell dahinfließen, ist der Unterschied nicht immer gleich zu erkennen. Dabei ist er gewaltig!

Ein Kanal ist nämlich **KEIN NATÜRLICHER WASSERLAUF** – sondern von Menschen gemacht. Angefangen haben wir damit vor bald 3.000 Jahren. Die ersten Kanäle dienten hauptsächlich zur Wasserversorgung von Städten und Feldern.

Doch schon die alten Ägypter bauten bereits einen Vorläufer des **SUEZKANALS**. Der verbindet das Rote Meer mit dem Mittelmeer und ist heute eine der wichtigsten Wasserstraßen der Welt.

Auch bei uns gibt es allein rund 1.700 Kilometer Kanäle, auf denen Schiffe fahren können. Der längst davon ist der **MITTELLANDKANAL**, der über 325 Kilometer einmal quer durch Deutschland reicht.

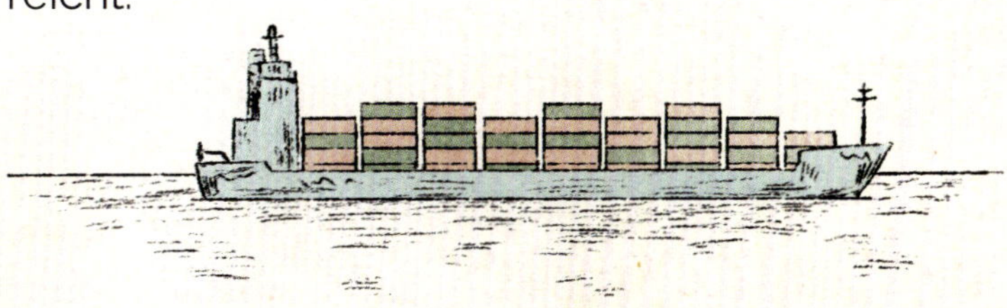

SIND SÜMPFE UND MOORE DASSELBE?

Was ist das: Es ist ständig nass, du versinkst, wenn du nicht achtgibst, und man erzählt sich allerlei gruselige Geschichten darüber? Bis hierher wären beide Antworten richtig, Sümpfe und Moore. Tatsächlich handelt es sich trotz dieser Ähnlichkeiten um **SEHR UNTERSCHIEDLICHE LEBENSRÄUME**.

Ein **SUMPF** ist untrennbar mit einem Fluss oder See verbunden, er ist sozusagen dessen verschwommene Grenze. Wo der Untergrund sehr schlammig ist, gibt es oft kein eindeutiges Ufer – sondern eben einen Sumpf. In langen Trockenzeiten kann der auch komplett verschwinden.
Das tut ein **MOOR** nicht, jedenfalls nicht von allein. Und es kommt noch etwas hinzu: Im Moor entsteht Torf, im Sumpf nicht. **TORF** sind abgestorbene **PFLANZENTEILE**, die so schnell von Wasser und noch mehr Pflanzen begraben werden, dass sie **NICHT VERROTTEN**.

Aus demselben Grund konnte man auch schon uralte Leichen, die **MOORLEICHEN**, aus dem Moor ziehen, die noch nach Jahrhunderten mit Haut und Haar erhalten geblieben waren, sogar mit ihrer Kleidung. In normaler Erde hätte sich das alles längst aufgelöst.

WAS IST SO TOLL AM MOOR?

MOORE SIND BESONDERE LEBENSRÄUME.
Hier gedeihen manche Pflanzen, die es anderswo nicht gibt. Hier leben manche Tiere, die du jenseits der Moore nie antreffen wirst. Für die sind die Feuchtgebiete lebenswichtig. Aber ehrlich gesagt: für uns eigentlich auch!
MOORE SIND GIGANTISCHE WASSERSPEICHER.

Sie können zu sagenhaften **95 PROZENT AUS WASSER** bestehen. Selbst heftigste Regengüsse saugen sie auf wie ein Schwamm und schützen so vor Überschwemmungen. Aber fast noch wichtiger ist, dass Moore mehr **KOHLENDIOXID SPEICHERN** als jedes andere Ökosystem auf der Welt.
Obwohl sie gerade mal drei Prozent der Erdoberfläche ausmachen, speichern sie rund doppelt so viel von dem Klimagas wie alle Wälder des Planeten zusammengenommen – und die bedecken immerhin mehr als 30 Prozent seiner Oberfläche. Zehnmal mehr als die Moore!

WIESO GEHÖRT TORF NICHT INS BLUMENBEET?

Drei Prozent weltweit, das ist nicht wahnsinnig viel. Und tatsächlich liegt der Schnitt bei uns auch höher, bei mehr als vier Prozent. Also … theoretisch. Denn leider sieht heute nur noch ein Bruchteil davon nach Moor aus – und funktioniert wie eines. Also als Speicher für Wasser und Kohlendioxid. Der allergrößte Teil der Moore wurde im Laufe der Zeit **ENTWÄSSERT** und entweder für den **TORFABBAU** genutzt. Weil Torf nämlich ein prima Brennstoff und begehrt als Gartenerde ist. Oder die Moore wurden **TROCKENGELEGT**, und es entstanden darauf **ÄCKER UND FELDER**. Beides hielten die Menschen lange Zeit für eine richtig gute Idee. Tja, unsere Vorfahren konnten nicht wissen, welche Folgen ihr Tun haben würde.

Dass wir heute durch die **TROCKENLEGUNGEN** von Mooren Überschwemmungen riskieren und das ganze über Jahrhunderte gespeicherte Kohlendioxid wieder in die Luft gelangt und das Klima weiter anheizt. Aber du weißt es jetzt. Also **FINGER WEG VON DER TORFERDE**, wenn deine Eltern das nächste Mal Blumenerde kaufen.

Und wenn dir das nicht genügt: Viele **NATURSCHUTZ-ORGANISATIONEN** haben Projekte, um ehemalige Moore wieder in ihren Urzustand zu versetzen. Da ist Mithilfe immer willkommen!

WER MAG SONNENTAU?

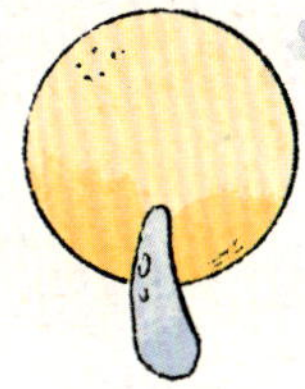

Sonnentau: Das klingt nach einem Sommermorgen, wenn sich nach einer kühlen Nacht das Kondenswasser aus der Luft für einen Moment auf Gräser und Blätter gelegt hat, ehe die wärmende Sonne es alsbald wieder verdunsten lässt. Klingt danach – ist aber falsch. Das wäre gewöhnlicher Tau.

SONNENTAU dagegen ist eine Pflanze, die typisch fürs Moor ist. Und vor allem: **EIN FLEISCHFRESSER** – was auf den nährstoffarmen Böden ein ebenso schlauer wie brutaler Überlebenstrick ist.

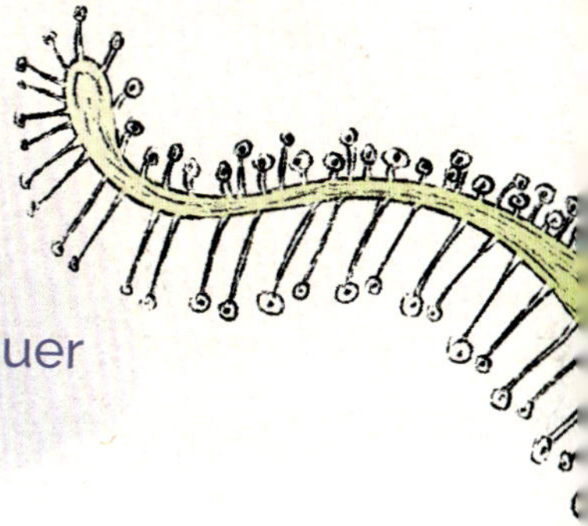

Auf seinen Blättern sitzen viele kleine **TENTAKEL**. An den Spitzen dieser kleinen Greifarme wiederum lockt ein wohlriechender Tropfen neugierige Insekten an. Leider handelt es sich aber nicht um leckeren Nektar, sondern um einen **FIESEN KLEBSTOFF**, an dem Fliegen, Mücken, manchmal sogar Libellen hängen bleiben.
Und damit ist ihr Schicksal besiegelt: Langsam rollt sich das Blatt ein, gibt Verdauungssäfte ab – und nach ein paar Tagen ist von dem Insekt nichts übrig als seine leere Hülle.

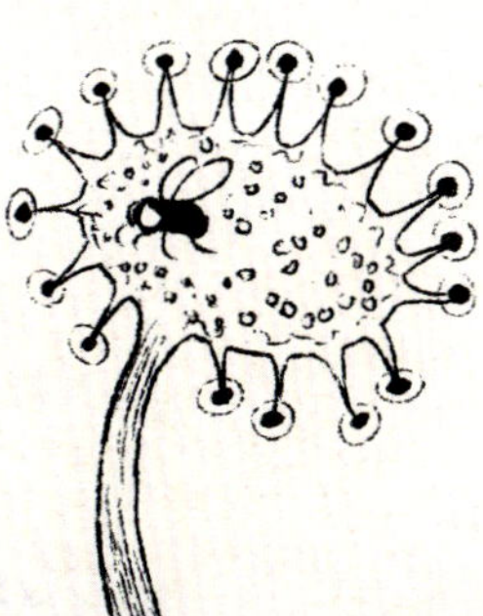

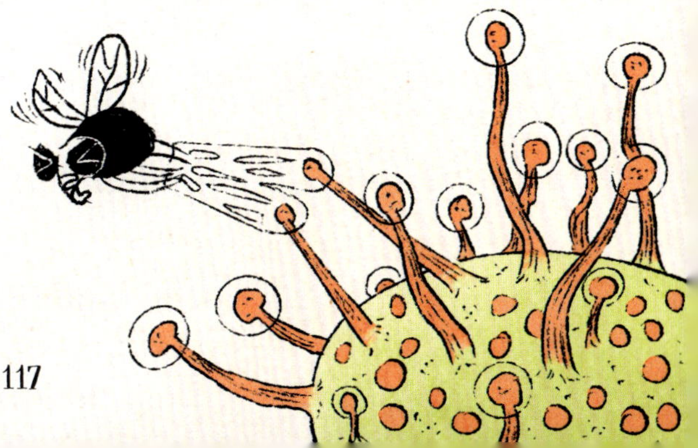

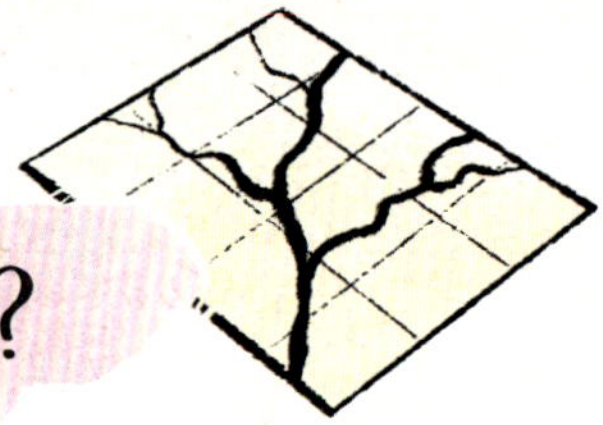

KÖNNEN SEEN WANDERN?

Sucht man im Internet nach „Seen" und „Wandern" spuckt die Suchmaschine jede Menge toller Ausflugstipps aus. Für Menschen, die um oder an Seen wandern wollen. Tatsächlich gibt es aber auch **SEEN**, die sich sozusagen **SELBST AUF DEN WEG** machen. Wobei das Bild natürlich ein wenig schief ist. Denn weder hat der **SEE** ein Ziel, noch bewegt er sich aus eigenem Antrieb. **ER WIRD BEWEGT.** Das berühmteste Beispiel ist der Lop Nor, ein inzwischen wohl für immer ausgetrockneter Salzsee im Nordwesten Chinas, der ständig seine Form, Größe und Lage geändert haben soll. Das Ganze gibt es aber auch eine Nummer kleiner und vor der eigenen Haustür.

Als besonders schönes Beispiel gilt der Dahlemer See, der zwischen den Mündungen von Elbe und Weser in Norddeutschland liegt – und langsam, aber sicher ostwärts wandert: Der stete **WIND VON DER NORDSEE** lässt das Ostufer Stück für Stück abbröckeln, während der westliche Rand verlandet. Auf diese Weise bewegt sich das ganze Gewässer Jahr für Jahr ein paar Zentimeter weiter.

KENNT DIE NATUR TEICHE?

Streng genommen: nein! Ein **TEICH** ist immer von Menschen erschaffen. Denk nur an den Gartenteich. Aber was soll man dann zu einem Gewässer sagen, dass natürlich entstanden, aber für einen See nun wirklich zu poplig ist? Versuch's mal mit Weiher oder Tümpel. Die beiden unterscheiden sich eigentlich nur dadurch, dass **TÜMPEL** ab und zu austrocknen, **WEIHER** nicht.

Und ab wann darf man das Ganze **SEE** nennen? Interessanterweise kommt es dabei, anders als bei Bächen und Flüssen, weniger auf die Größe an – sondern auf die Tiefe. Fachleute sagen, ein **SEE MUSS SO TIEF** sein, dass es darin **UNTERSCHIEDLICHE TEMPERATURSCHICHTEN** und damit auch **UNTERSCHIEDLICHE LEBENSRÄUME** gibt. Nach der Faustregel ist das erst ab acht bis zehn Metern der Fall. Diese Voraussetzung erfüllen in Deutschland immerhin mehr als **12.000** Gewässer, die man daher getrost See nennen darf.

Der größte von ihnen ist übrigens der **BODENSEE** – und mit 251 Metern auch der tiefste. Du könntest locker das Ulmer Münster, die höchste Kirche der Welt, hineinstellen, und die Spitze würde noch lange nicht herausschauen!

KÖNNEN MENSCHEN SEEN MACHEN?

Eben habe ich noch behauptet, ein Unterschied zwischen Teichen und Seen wäre neben der Größe, dass Teiche von Menschen geschaffen werden und Seen natürlich sind. Jetzt muss ich das noch mal etwas einschränken.

Es gibt nämlich durchaus **MENSCHENGEMACHTE SEEN** – die **STAUSEEN**. Und zwar schon seit Ewigkeiten! Die älteste bekannte Staumauer wurde möglicherweise schon vor 5.000 Jahren von den alten Ägyptern errichtet!

Anfangs dienten diese künstlich angestauten Becken vor allem dazu, die Städte und Felder der Menschen mit Wasser zu versorgen. Heutzutage liefern sie vor allem **STROM AUS WASSERKRAFT**. Nicht unproblematisch: Dessen Erzeugung ist zwar klimaneutral, dafür ist das Aufstauen der zum Teil gigantischen Seen ein brutaler Eingriff in die Natur, weshalb ihn viele Menschen kritisch sehen.

WER SORGT IN DER NATUR FÜR STAU?

Und wieder ein Schlenker, tut mir leid: Stauseen sind menschengemacht – aber nicht immer! Es gibt auch da draußen einen fleißigen Baumeister, der mit Freude Bäche und Flüsse zu manchmal beeindruckend großen Seen aufstaut. Die Rede ist natürlich vom **BIBER**. Der Nager kann mit seinen langen, superharten Zähnen ganze Bäume umlegen. Zusammen mit Laub, Ästen, Steinen und Erde schüttet er damit seine **DÄMME** auf. Natürlich nicht zur Stromerzeugung. Die Biber wollen ihre Baue schützen.

Die sogenannten **BIBERBURGEN** sollen nämlich immer von ausreichend Wasser umgeben, der Eingang sogar davon bedeckt sein, sodass die Tiere darin sicher vor Fressfeinden sind.

Dass dabei zuweilen halbe Wälder und ganze Straßen überflutet werden können, stört sie wenig. Den Menschen manchmal schon. Da **BIBER ABER UNTER NATURSCHUTZ** stehen, darf man ihre Bauwerke nicht einfach zerstören.

WAS SIEHST DU STATT BIBERN?

BIBER waren in Europa beinahe ausgerottet, erst seit ein paar Jahrzehnten gibt es sie wieder in nennenswerter Zahl bei uns. Zu sehen sind die **SCHEUEN TIERE** dennoch selten. Viel häufiger wirst du an Fluss- oder Seeufern ihre **SPUREN** finden: angeknabberte Bäume, Holzspäne.

Und wenn doch mal ein größeres Nagetier mit braunem Fell und beeindruckenden Zähnen vorbeischwimmen sollte, ist es wahrscheinlich eine **NUTRIA**, auch **BIBERRATTE** genannt – dabei sind sie weder mit Bibern noch Ratten verwandt. Eher noch mit Stachelschweinen.

Und sie sind auch noch gar nicht so lange in unseren Flüssen heimisch. Nutrias kommen aus Südamerika und wurden erst vor rund 100 Jahren zu uns gebracht, um sie in Pelztierfarmen zu züchten. Es kam, wie es kommen musste: Immer wieder gelang es einzelnen Tieren auszureißen, sich in die Wildnis durchzuschlagen und dort Familien zu gründen. So wie das auch **WASCHBÄREN UND BISAMRATTEN** schon getan haben. Da es im Gegensatz zu denen den Nutrias bei uns aber eigentlich zu kalt ist, bleibt ihre Anzahl überschaubar, sie haben glücklicherweise auch keine heimischen Arten verdrängt.

WO LIEGT DAS AUENLAND?

Für Mittelerde-Fans natürlich da, wo die Hobbits leben. Aber das ist Fantasy! In Wirklichkeit gibt es an vielen Flüssen **AUENLANDSCHAFTEN**. Wie zum Beispiel an der eben schon erwähnten Saale und der Weißen Elster. Das größte Auengebiet liegt an der Elbe und ist so groß wie 8.000 Fußballfelder. Klingt toll, ist trotzdem leider nur noch ein Bruchteil von dem, was es einst an Auen gab. Aber von vorn:

Auen entstehen entlang der Ufer von Flüssen und zeichnen sich dadurch aus, dass sie **BEI HOCHWASSER ÜBERFLUTET** werden und **BEI NIEDRIGWASSER TROCKENLIEGEN**. Dieses Hin und Her hat eine besondere biologische Vielfalt erschaffen. Naturschützende sagen sogar, kein Lebensraum bei uns ist artenreicher, nirgends findet man mehr unterschiedliche Tiere und Pflanzen.

Dumm nur, dass die Menschen trotzdem lange Zeit zum Beispiel **DEICHE** vor die Auen gesetzt haben. So gewinnt man zwar Land. Aber verliert neben großartiger Natur auch einen gigantischen Wasserspeicher, der nach Unwettern volllaufen und so verhindern kann, dass unsere Städte und Dörfer überflutet werden.

WIE KOMMT DER HÖCKERFLOHKREBS ZU SEINEM NAMEN?

Der **GROSSE HÖCKERFLOHKREBS** ist eher unscheinbar: Gerade mal zwei Zentimeter lang, unspektakulär gelblich weiß bis grün gefärbt – und damit in seinem Lebensraum, den Flüssen und Seen, echt schwer zu finden. Leider. Denn mancher Artenschützer würde die Tiere vermutlich gern bis zum letzten Exemplar aufstöbern und … nach Hause bringen.
Denn auch der Große Höckerflohkrebs gehört nicht nach Mitteleuropa. Er stammt aus den Flüssen rund ums Schwarze Meer. Zu denen gehört allerdings auch die **DONAU**. Und die hat er sich in den letzten Jahrzehnten Stück für Stück hochgearbeitet und haust mittlerweile mehr oder weniger in jedem deutschen Fluss. Problematisch, denn der Winzling ist ein **GIERIGER RÄUBER**, der manch heimischer Art das Leben schwer macht.

Und der **NAME**? Den haben sie erst, seit deine Eltern Kinder waren. Auf Großer Höckerflohkrebs wurde die Art damals von Mitarbeitenden der Technischen Universität Braunschweig getauft.

Bis dahin kannte man sie nur unter ihrem wissenschaftlichen Namen Dikerogammarus villosus. Oder eben gar nicht. Denn damals gab es sie ja noch kaum bei uns.

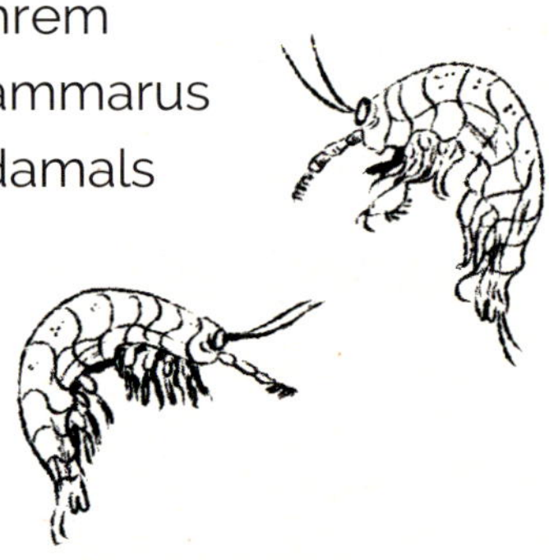

WER KANN ÜBER WASSER GEHEN?

Mach mal einen Versuch: Fülle Wasser in eine Schale, nimm ein kleines Blatt vom Baum und lege es sacht auf die Wasseroberfläche. Es wird dort liegen bleiben. Und nun drücke es unter auf den Boden der Schale. Was passiert? Es kommt nicht wieder hoch, da es schwerer als das Wasser ist. Dass das Blatt trotzdem **AUF DER OBERFLÄCHE SCHWIMMEN** konnte, ohne unterzugehen, hat einen anderen Grund: Auch wenn Wasser flüssig ist, hat es eine Art Haut an seiner Oberfläche. Wie sie entsteht, hat mit Chemie zu tun. Das erspare ich uns jetzt. Wichtig ist nur:

Diese **OBERFLÄCHENSPANNUNG** hält was aus, solange man sie nicht verletzt. Das weiß auch der **WASSERLÄUFER**. Das zierliche Insekt spreizt seine sechs spindeldürren Beinchen extra weit auseinander, um so sein **GEWICHT** möglichst **GUT** zu **VERTEILEN**.
Würde es hingegen auf einem Bein stehen, wäre zu viel Gewicht auf zu wenig Fläche, die Oberflächenspannung würde reißen und das Insekt versinken.

WELCHE SCHNECKE LEBT KOPFÜBER?

Die Sache mit der Oberflächenspannung des Wassers macht sich nicht nur der Wasserläufer zunutze.

Es gibt auch **SCHNECKEN**, die sich an die Oberfläche kleben. Moment mal, wirst du jetzt denken: Hieß es nicht gerade, das funktioniere nur mit sehr, sehr leichten Dingen? Stimmt. Aber die **SÜSSWASSERSCHNECKEN**, von denen hier die Rede ist, kriechen auch nicht auf dem Wasser – sie kleben sich von unten an die Wasseroberfläche. So können sie neben dessen Spannung nämlich auch den eigenen Auftrieb nutzen, ihr **SCHNECKENHAUS** wirkt dabei wie eine Art Schwimmweste.

Klingt trotzdem komisch? Stimmt, hat aber mindestens zwei sehr nachvollziehbare Gründe. Erstens sind viele dieser Schneckenarten **LUNGENATMER**. Das heißt, obwohl sie die meiste Zeit im Wasser leben, müssen sie zum Atmen an die Luft kommen. Zweitens finden sie direkt unter der Oberfläche **JEDE MENGE NAHRUNG**. Hier schwimmen nämlich winzige Algen und warten nur darauf, von den Schnecken abgegrast zu werden.

SCHMECKT ENTENGRÜTZE NUR ENTEN?

Entengrütze heißt eigentlich nicht so. Fachleute sprechen vielmehr von **WASSERLINSENGEWÄCHSEN**. Wasserlinse klingt appetitlicher – und trifft die Sache vielleicht auch besser. Du kennst die Pflanze vielleicht nur als grünen Teppich, der in warmen Sommern ganze Teiche zudeckt. Das sieht ein bisschen eklig aus, das **SCHADET DEM GEWÄSSER**, weil zu wenig Licht und Wärme unter die Linsenschicht gelangt. Und wenn die Pflanzen dann im Herbst absterben, kann selbst der schönste Teich zur Schlammgrube werden.

Zum Glück gibt es ein einfaches **GEGENMITTEL: AUFESSEN!** Nicht nur Enten schätzen die Grütze. Auch andere Vögel und Fische futtern sie – und sogar **MENSCHEN**.

In manchen Ländern Asiens gehören **WASSERLINSEN INS GEMÜSEANGEBOT** wie bei uns Erbsen oder Bohnen. Und zu Recht, wie Ernährungswissenschaftler wissen. Die Gewächse sind nämlich wahnsinnig gesund.

Solltest du jetzt neugierig sein: Schau einfach mal ins Netz, dort findest du jede Menge Rezepte. Vom Smoothie bis zum Salat. Übrigens ergibt deine Suche mehr, wenn du nicht Entengrütze, sondern Wasserlinsen suchst. Aber das war ja irgendwie klar ...

SIND ALGEN PFLANZEN?

Sie sind oft grün, sie scheinen Blätter und Stiele zu haben, ja sie können sogar Fotosynthese. Kam jetzt schon ein paar Mal vor, deshalb nur kurz: **FOTOSYNTHESE** heißt, dass aus Wasser und Kohlendioxid mithilfe des Sonnenlichts Sauerstoff und Zucker werden – der Trick, der Pflanzen wachsen lässt. Und Algen. Denn in der Tat: Das ist etwas anderes.

So wie Bakterien keine Tiere sind, bilden **ALGEN** eine ganz eigene Klasse von Lebewesen mit schätzungsweise 400.000 Arten.

Die brauchen zwar alle Wasser, das heißt aber nicht, dass man sie nur dort – vom Ozean bis zur Regenpfütze – finden würde. Algen wachsen auch auf Dachziegeln und wahrscheinlich selbst bei dir zu Hause im Badezimmer oder im Keller. Um die Verwirrung zu vollenden: Umgekehrt heißt das übrigens nicht, dass alles Grünzeug, das im oder unter Wasser wächst, automatisch eine Alge sein muss. Es gibt nämlich auch Wasserpflanzen. Seerosen zum Beispiel. Und natürlich die eben erst gepriesene Entengrütze.

WAS MACHT DIE EINTAGSFLIEGE MORGEN?

Das hängt davon ab, wann man die Fliege fragt – und welche man fragt. Immerhin gibt es gut 3.000 verschiedene Arten, und zwar auf allen Erdteilen außer in der Antarktis. Sie sind mal wenige Millimeter kurz, mal fingerlang. Also alles in allem recht unterschiedlich. Und dann wieder nicht: **ALLE EINTAGSFLIEGEN** verbringen den größten Teil ihres Lebens als Larven in Flüssen oder Seen. Erst nach Monaten, manchmal bis zu einem Jahr, werden sie erwachsen und verlassen das Wasser. Und dann haben sie nur noch **EIN EINZIGES ZIEL**: sich **FORTZUPFLANZEN**. Da in der Regel alle Larven einer Art gleichzeitig erwachsen werden, fällt es ihnen zumeist recht leicht, einen Partner zu finden. Nach der Paarung legt das Weibchen noch schnell seine Eier ins Wasser. Dann können beide zufrieden sterben, sie haben ein erfolgreiches Leben geführt.

Wie lange dabei das Erwachsenendasein einer Eintagsfliege dauert, hängt jedoch von der einzelnen Art ab. Manche Fliege darf noch **EIN PAAR TAGE** und bis zu einer Woche lang **DIE WELT ERKUNDEN**. Für andere ist schon nach weniger als einer Stunde Schluss. **EIN TAG** als gesunder Mittelwert scheint da gar keine schlechte Schätzung.

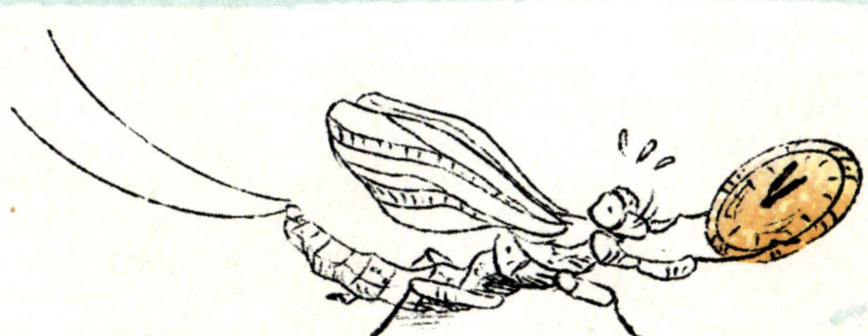

KENNEN INSEKTEN DEN RÜCKWÄRTSGANG?

Um fliegen zu können, braucht jedes Flugzeug eine bestimmte Geschwindigkeit. Ist es zu langsam, stürzt es ab. Rückwärtsgang? Völlig ausgeschlossen.
Im Tierreich ist das anders. Es gibt tatsächlich einige Insekten, die beherrschen Luftnummern, bei denen jeder Hubschrauberpilot neidisch wird. **LIBELLEN** zum Beispiel.

Libellen sind mit bis zu 50 Stundenkilometern so schnell, wie ein Auto in der Stadt fahren darf. Sie können aber auch abrupt die Richtung wechseln, Loopings vollführen, in der Luft einfach stehen bleiben – oder bei Bedarf den Rückwärtsgang einlegen. Das geht, weil sie **VIER FLÜGEL** haben, die sie **UNABHÄNGIG VONEINANDER BEWEGEN** können.

Unscheinbarer, aber vielleicht gerade deswegen noch beeindruckender ist die **SCHWEBFLIEGE**. Neben allen Libellentricks hat sie noch einen weiteren auf Lager: in Rückenlage fliegen, wozu auch immer das gut sein soll.

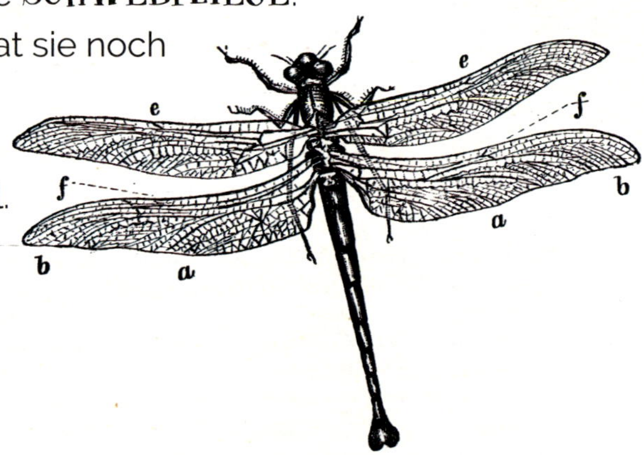

WAS MACHT DER EISVOGEL BEI EIS?

Hast du schon mal einen **EISVOGEL** gesehen? Das sind diese kleinen, wunderschönen Vögel mit dem langen, spitzen Schnabel und dem auffällig blauen und orangefarbenen Federkleid. Eisvögel sitzen gern auf Bäumen am Fluss- oder Seeufer – um sich von dort **PFEILSCHNELL INS WASSER** zu stürzen, sobald sie ein ahnungsloses Fischlein oder eine Kaulquappe erspähen. Und das ist genau das Problem:

Friert **IM WINTER** ein Gewässer zu, findet der Eisvogel nichts mehr zu fressen. Durch Eis sehen? Dafür reichen seine ansonsten sehr guten Augen leider nicht aus. Er muss sich also ein anderes, hoffentlich eisfreies Jagdrevier suchen.

Was mich zu der Frage bringt: **WARUM** heißt das Tier dann überhaupt Eisvogel? Und siehe, da gibt es mal wieder mehrere mögliche, allerdings komplett „eisfreie" Erklärungen. Wahlweise hieß es ursprünglich **EISENVOGEL** – weil der blaue Rücken **WIE METALL** schimmert. Oder aber es liegt das altdeutsche Wort **„EISAN"** zugrunde. Das bedeutet so viel wie **„GLÄNZEN" ODER „SCHILLERN"**. Auch ganz passend.

WAS MACHEN FISCHE, WENN ES FRIERT?

Herrlich, wenn es mal wieder lange genug kalt ist im Winter und du auf den Seen und Teichen Schlittschuh laufen kannst. Oder Eishockey spielen. Oder einfach über die glitschige Oberfläche schlitterst. Aber hast du dabei mal überlegt, was eigentlich die **FISCHE** machen, die ja irgendwo unter deinen Füßen sind? Tatsächlich geht es denen meist **GUT** da unten. In den seltensten Fällen frieren Gewässer bis zu ihrem Grund, meist bleibt das Wasser am Boden flüssig. Mehr noch:

Je **DICKER** die Eisschicht darüber, desto **BESSER** ist das Wasser vor der Kälte geschützt. Zwar sinkt die Temperatur dann auch auf kühle vier Grad. Aber damit kommen die meisten Fische klar. Trotzdem fahren sie ihre Körperaktivitäten herunter, begeben sich also in **EINE ART WINTERRUHE**, wie das auch viele andere Tiere tun. Das tun sie aber weniger wegen der Kälte – sondern wegen des Sauerstoffmangels, der hier unten in dieser Zeit entstehen kann, wenn nicht mehr genug Licht bis zu den Pflanzen gelangt, die ihn mit seiner Hilfe herstellen.

WER IST DER DICKSTE FISCH?

In unseren Flüssen und Seen sind nicht nur Karpfen und Forellen zu Hause. Es gibt rund 60 verschiedene Arten, darunter Tiere mit so lustigen Namen wie Groppe, Schmerle oder Moderlieschen. Aber wer ist der **GRÖßTE, DICKSTE, SCHWERSTE** von ihnen? Einst stritten tatsächlich **ZWEI ARTEN** um den Pokal.

Doch seit Fischer vor mehr als 50 Jahren den letzten **EUROPÄISCHEN STÖR** aus einem deutschen Fluss holten, geht der **ERSTE PREIS** unangefochten an den **FLUSSWELS**. Immer mal wieder fangen Anglerinnen und Angler Exemplare, die an die drei Meter lang und schwer wie zwei erwachsene Menschen sind.

Klingt gruselig, muss dich aber **NICHT** vom nächsten Badeausflug abhalten. Welse sind zwar Fleischfresser, aber sie begnügen sich mit anderen Fischen, Fröschen und Insekten. Irgendwann könnte es für den Wels übrigens mit Platz eins wieder vorbei sein: Seit einigen Jahren versucht man zum Beispiel in der Elbe wieder **STÖRE** anzusiedeln. Bis die eine ernsthafte Konkurrenz sind, wird es aber noch etwas dauern: Wie Welse brauchen auch Störe Jahrzehnte, um auf solche Monstermaße anzuwachsen.

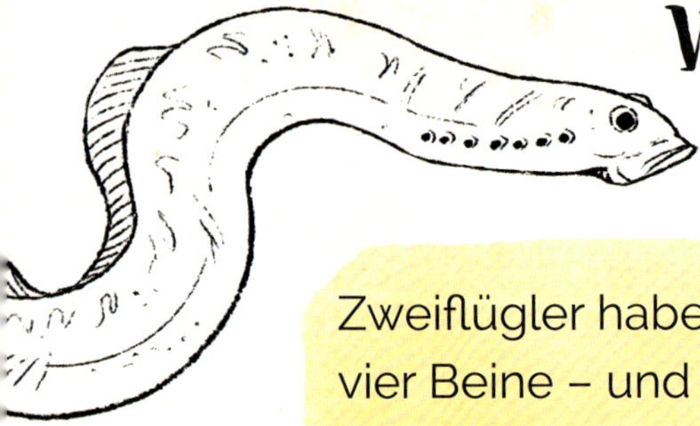

WIE VIELE AUGEN HAT DAS NEUNAUGE?

Zweiflügler haben zwei Flügel, Vierbeiner vier Beine – und **NEUNAUGEN ... ZWEI AUGEN**. Weil die aber zwischen der Nasenöffnung und den sieben Kiemenspalten liegen, sehen die Tiere tatsächlich so aus, als hätten sie neun Augen.

Aber das ist nicht das Beeindruckendste an diesen aalartigen Wasserbewohnern, die ich gern Fische nennen würde, die aber nur so etwas Ähnliches sind. Und das schon sehr lange: Die heutigen Neunaugen sehen noch ziemlich genau so aus wie **IHRE VORFAHREN** vor 500 Millionen Jahren, als es nicht einmal Dinosaurier gab. **REKORDVERDÄCHTIG!**

Falls du es vergessen haben solltest: Uns Menschen gibt es gerade mal schlappe zwei Millionen Jahre. Die Larven der Arten, die in unseren Flüssen und Seen leben, vergraben sich für Jahre an deren Grund und ernähren sich von winzigen Krebsen und Pflanzenteilen, die sie aus dem Wasser filtern. Sind sie endlich erwachsen, schwimmen die meisten von ihnen ins Meer hinaus. Gut so, denn ab da wird ihre Ernährungsweise parasitär. Sie saugen sich mit ihrem runden Maul an größeren Fischen fest, trinken deren Blut und raspeln kleine Fleischstücke heraus.

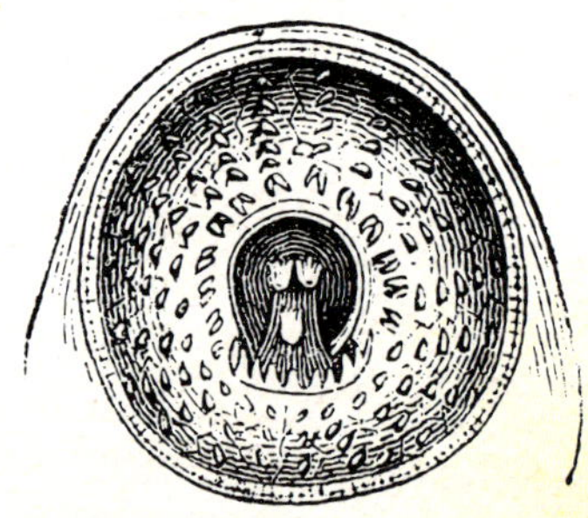

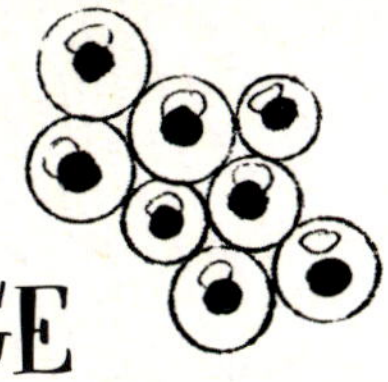

WO FINDET MAN SCHLEIMIGE KLUMPENKÖPFE?

Bestimmt hast du diese sonderbaren Tiere schon mal gesehen. Vor allem im Frühling und bis in den Sommer tummeln sie sich, gern in größeren Gruppen, an den Ufern von Teichen und Seen.

Anfangs scheinen sie nur aus einem **DICKEN KOPF** und einem **FEDERARTIGEN SCHWANZ** zu bestehen. Dann wachsen langsam erst **HINTERBEINE**, später die vorderen. Und dann passiert beinahe das Verrückteste: Atmen die Tierchen anfangs durch Kiemen wie ein Fisch, entwickeln sie bereits Lungen, und irgendwann schalten sie um und atmen wie wir.

Spätestens jetzt müssen sie auch mal aus dem Wasser herauskommen. Und das tun sie in großen Sprüngen. Sie sind nämlich **ZU FRÖSCHEN HERANGEWACHSEN**. Nun weißt du natürlich auch, von wem die ganze Zeit die Rede war: Von **FROSCHLARVEN**, besser bekannt unter dem sonderbaren Namen **KAULQUAPPEN**, der sich wiederum aus zwei Wörtern zusammensetzt. Eine Kaule ist eine Kugel oder ein dicker Kopf. Und Quappe hat dieselbe Herkunft wie wabbelig und schwabbelig und kann auch so etwas wie schleimig bedeuten.

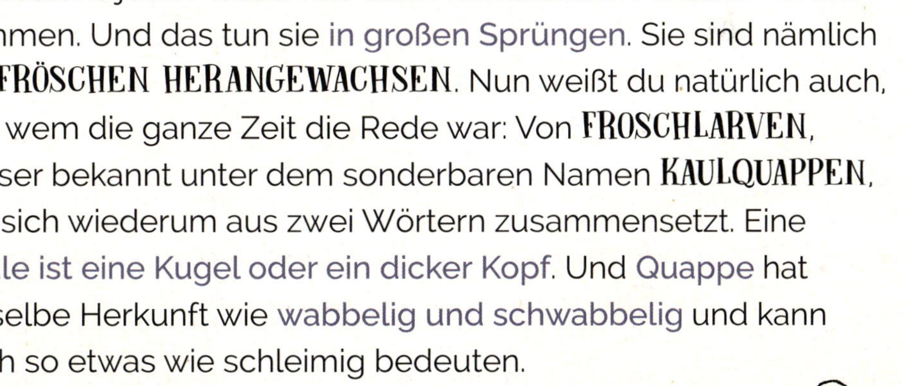

WO GIBT ES FRÖSCHE AUS EISEN?

Zugegeben, an einem Teich wirst du vergeblich danach suchen. **EISERNE FRÖSCHE** haben ihre Heimat im Berg. Richtig: nicht am oder auf, sondern **IM BERG**. So heißen die **GRUBENLAMPEN**, mit denen die Bergleute einst in den Stollen für Beleuchtung sorgten – und deren Form mit sehr viel Fantasie einem Frosch ähnelt.

Solche Namenspatenschaften gibt es einige. Denk nur an **BOCK UND PFERD**, die in der Turnhalle herumstehen. Oder die **HERINGE**, mit denen man ein Zelt am Boden befestigt. Hier brauchst du sogar noch mehr Vorstellungskraft, um in dem simplen Holzpflock oder Metallnagel einen Fisch zu erkennen. Aber das hat unsere Vorfahren nicht davon abgehalten. Und nicht nur unsere: Auf Französischen heißen die Dinger Sardine. Den **EISENFROSCH** aber bitte nicht mit dem Goldfröschchen verwechseln. Das ist tatsächlich ein Tier. Aber auch danach wirst du am Teich vergeblich suchen. Die zwei, drei Zentimeter kleinen, auffällig orange gefärbten Goldfröschchen leben nur in einem winzigen Winkel Madagaskars vor der Ostküste Afrikas.

IST SÜẞWASSER SÜẞ?

Vielleicht hast du beim Baden im **MEER** schon mal Wasser geschluckt. Dann weißt du: Es schmeckt **SALZIG**. Ein bisschen, wenn es Ostseewasser war, ein bisschen mehr, wenn du an der Nordsee geleckt hast. Das liegt daran, dass die beiden Meere unterschiedlich viel Salz enthalten.
So weit, so klar. Aber schmeckt es auch süß, wenn du Wasser aus einem Bach oder See trinkst? Nö, tut es nicht.

SÜẞWASSER SCHMECKT NACH GAR NICHTS. Es bezeichnet einfach nur **DAS GEGENTEIL VON SALZWASSER** – nämlich solches, das kein oder sehr, sehr wenig Salz enthält.

SEHR, SEHR WENIG gibt es übrigens auch vom **SÜẞWASSER** selbst. Nur schätzungsweise **DREI PROZENT** der weltweiten Wasservorkommen sind salzfrei. Und davon schlummert der **GROẞTEIL TIEFGEFROREN** als Eis in der Arktis und Antarktis.

WELCHES WASSER KANNST DU TRINKEN?

Ein heißer Sommertag. Du kommst an einem lustig gurgelnden Bächlein vorbei und merkst, dass du nichts zu trinken dabeihast. Und nun? Einfach die Zunge in den Bach halten? Sagen wir so:

JE NÄHER AN DER QUELLE du dich befindest und **JE UNBERÜHRTER DIE NATUR DRUM HERUM** ist, **DESTO SAUBERER IST IN DER REGEL DAS WASSER**. In diesem Fall wäre es wahrscheinlich unbedenklich, davon zu trinken.
Fließt der Bach aber zwischen Äckern, Weiden und Feldern hindurch: **FINGER WEG!** Zu groß ist das Risiko, dass das Wasser durch Düngemittel oder Insektengifte **BELASTET** ist – oder die Reste von Kuhfladen und Schafsköteln enthält, samt aller **BAKTERIEN, PILZE UND VIREN**.

Um noch sicherer zu gehen, gibt es ein paar Waldläufertricks. Der beste ist, das Wasser vor dem Trinken einige Minuten zu **KOCHEN**. Das tötet so ziemlich alles darin ab, was dir schaden könnte. Nur Schlamm oder Pflanzenreste verschwinden so natürlich auch nicht. Dafür kannst du dir einen **FILTER** bauen: Gib Sand, dann Kies in einen Strumpf oder ein Tuch und lass das Wasser hindurchlaufen. So wird zumindest ein großer Teil der Schwebteilchen herausgefiltert.

WER SCHWIMMT GEGEN DEN STROM?

Es gibt Fische, die leben im Meer. Und es gibt Fische, die leben in Flüssen oder Seen. Und dann gibt es solche, die tun beides. **LACHSE UND MEERFORELLEN** zum Beispiel werden in Flüssen geboren und verbringen ihre gesamte Jugend hier. Dann schwimmen sie flussabwärts und aufs Meer hinaus. Wird es Zeit, selbst Nachwuchs in die Welt zu setzen, geht die Reise wieder zurück. Wortwörtlich der Nase nach schwimmen die Tiere wieder dorthin zurück, wo sie einst selbst zur Welt kamen. Verrückt!
Das Ganze gibt es auch in der umgekehrten Reihenfolge: Alle **EUROPÄISCHEN AALE** sind irgendwann mal in der Sargassosee vor der Küste Nordamerikas geschlüpft und bis zu 5.000 Kilometer durch den Atlantik geschwommen, ehe sie es sich in unseren Flüssen bequem machen. Wobei: bequem?

Weil wir Menschen in die meisten Flüsse Staustufen und Schleusen gesetzt haben, um Hochwasser zu kontrollieren oder Schifffahrt zu ermöglichen, haben es die Wanderfische schwer bei ihrer Reise stromaufwärts. Seit einigen Jahren baut man ihnen daher **SPEZIELLE FISCHTREPPEN**, die es erlauben, an der Schleuse vorbei **FLUSSAUFWÄRTS** zu schwimmen.

MÜSSEN FISCHE TRINKEN?

Das hängt davon ab, wo sie zu Hause sind.

Fische, die im Meer leben, **MÜSSEN TRINKEN.**

Denn der Salzgehalt in ihren Körperzellen ist niedriger als der im Wasser um sie herum. Nicht schlimm, könnte man denken, gäbe es da nicht den sogenannten **OSMOTISCHEN DRUCK**. Der bewirkt, dass die Zellen ständig Flüssigkeit ans salzigere Meerwasser abgeben. Würde der Fisch also nicht ständig trinken, würde er langsam, aber sicher austrocknen.
Bei Fischen, die im Süßwasser leben, ist es genau andersherum: Da deren Zellen mehr Salz enthalten als der Bach, in dem sie schwimmen, bewirkt der osmotische Druck, dass die Zellen fortwährend Wasser aufnehmen. Statt zu trinken, muss der Fisch also dafür sorgen, das **ÜBERSCHÜSSIGE WASSER WIEDER LOSZUWERDEN**. Während sein Kollege aus dem Meer andauernd trinkt, ist der Süßwasserfisch ständig am Pinkeln.

GIBT ES IN UNSEREN FLÜSSEN WALE?

Es gibt auf der Welt ungefähr 90 Arten von Walen, die größte Gruppe davon stellen die **DELFINE**, und, ja, bei denen gibt es tatsächlich einige, die ausschließlich in Flüssen leben. Allerdings: nicht hier, nicht bei uns. Sämtliche **FLUSSDELFINE** sind in Asien und Südamerika zu Hause.
Es gibt aber auch manche Arten, die fröhlich zwischen Salz- und Süßwasser pendeln. Zu denen gehört auch die einzige Walart, die vor unseren Küsten herumschwimmt, der **SCHWEINSWAL**.

Eigentlich ein Bewohner von Nord- und Ostsee, treibt ihn der Hunger immer wieder flussaufwärts. Dann folgt der **SCHWEINSWAL** den Fischschwärmen zum Beispiel die Elbe hinauf – und taucht plötzlich im Hamburger Hafen auf, 100 Kilometer von der Mündung entfernt.

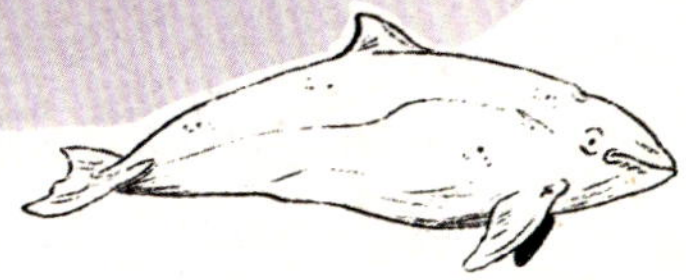

Manchmal passiert es aber auch, dass Wale einfach die Orientierung verlieren, zum Beispiel nach einem heftigen Sturm. Eine gewisse Berühmtheit erlangte ein **BELUGAWAL**, der sich vor bald 60 Jahren in den Rhein verirrte und seinen Fehler erst nach mehr als 400 Kilometern erkannte und umkehrte.

WORUM TRAUERN WEIDEN?

An vielen Gewässern kannst du Bäume sehen, deren überlange Äste und Zweige scheinbar schlaff herunterhängen, die irgendwie traurig aussehen. Wie ein Mensch, der alle Hoffnung verloren hat. Das sind **TRAUERWEIDEN**. Natürlich sieht das bei den Bäumen nur so aus.
Ursprünglich wuchsen Trauerweiden nur in Ostasien. Wegen ihrer besonderen Form wurden sie im 18. Jahrhundert als Garten- und Parkbäume nach Europa gebracht.

Anders als viele andere Zugereiste wie der Riesenbärenklau oder der Große Höckerflohkrebs, haben sie sich zum Glück nicht überbreit machen können. Dafür haben sie sich mit manch heimischer Art vermischt, etwa mit der **SILBERWEIDE**, die seither auch trauern kann.
Und nicht nur die: Die sogenannte Trauerform gibt es auch bei anderen Bäumen. In Gärten und Parks, weil man sie extra so züchtet. Selten auch im Wald: Wenn sie über sich noch Kronen anderer Bäume haben, die ihnen das Licht wegnehmen, wachsen Birken, Buchen oder Eschen zuweilen in die Breite und lassen ihre Zweige dann ebenfalls hängen.

WIE ENTSTEHEN QUELLEN?

Aus der Quelle wird ein Bach, der Bach zum Fluss, und dieser kann es, je nachdem, sogar bis in die Königsklasse der Fließgewässer schaffen und darf sich Strom nennen. So weit, so klar. Aber zurück auf Anfang, zu dieser Quelle: Wie entsteht die eigentlich, und wo kommt das ganze Wasser her?

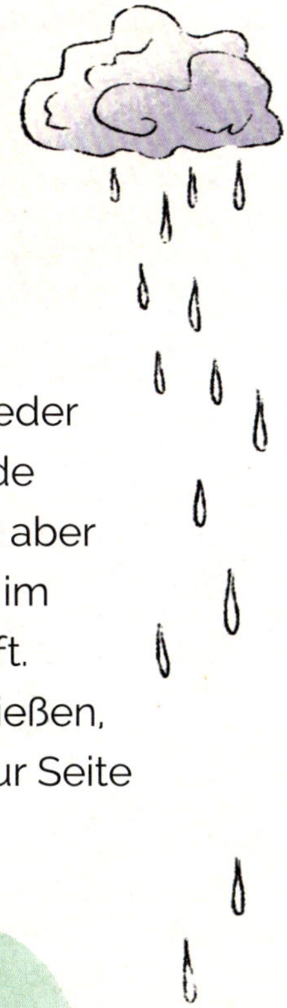

QUELLEN entstehen in den allermeisten Fällen **DURCH REGENWASSER**. Das fällt zur Erde und **VERSICKERT IM BODEN**.

Was nicht vorher von durstigen Pflanzenwurzeln wieder herausgesogen wird, sinkt tiefer und tiefer in die Erde und **WIRD ZU GRUNDWASSER**. Mit dem Absinken ist aber irgendwann Schluss. Spätestens, wenn das Wasser im Boden auf eine undurchlässige Gesteinsschicht trifft. Dann muss es seine Richtung ändern und dorthin fließen, wohin es eben fließen kann. Das ist natürlich eher zur Seite als nach oben.

Und deswegen findet man Quellen vor allem, **WO ES BERGIG IST** – und das **WASSER** auf seiner Seitwärtsbewegung irgendwo an einem Abhang wieder den **WEG AUS DER ERDE** herausfindet.

WIE WERDEN QUELLEN HEIß?

Wenn du schon mal die Hände in eine Bergquelle gehalten hast, weißt du: brrrr ... eiskalt! Tatsächlich ist das auch die Regel. Schon wenn das Wasser nur 20 Grad hat, gilt es als etwas Besonderes – als THERMALQUELLE. Von „therme", dem griechischen Wort für Wärme.

Das Wasser aus einer solchen Quelle ist meist nicht einfach nur durch einen Berg gesickert. Es hat oft einen Umweg über TIEFER LIEGENDE SCHICHTEN genommen, wo die Erde deutlich heißer ist als hier oben bei uns. Oder die Quelle befindet sich in einer Region mit vulkanischer Aktivität, wo also die Hitze des Erdinnern bis ganz nach oben reicht. Dann wird auch das Wasser ordentlich erwärmt.

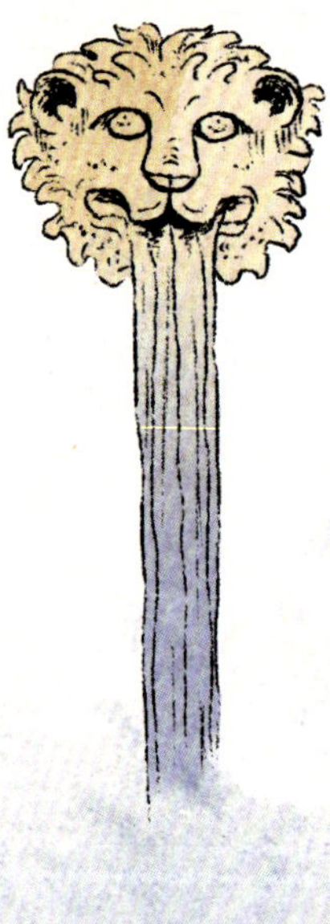

Manchmal so sehr, dass man locker Eier drin kochen könnte. Aus Deutschlands HEIßESTER NATÜRLICHER QUELLE in der Nähe von Aachen sprudelt es beispielsweise mit krassen 74 GRAD. Das wussten hier sogar schon die alten Römer zu schätzen. Sie beheizten ihre Häuser damit.

SIND FLÜSSE JUNGS ODER MÄDCHEN?

Der Main und der Rhein, die Elbe und die Spree. Fällt dir etwas auf? **MANCHE FLÜSSE HABEN MÄNNLICHE NAMEN, ANDERE WEIBLICHE.** Um den Grund dafür herauszufinden, hilft es, in Erfahrung zu bringen, wer dem Fluss seinen heutigen Namen verpasst hat. Dabei fällt dann schon etwas auf:

> Die **ALTEN RÖMER**, die lange Zeit auch Teile Süd- und Westdeutschlands beherrschten, gaben ihren Flüssen meist **MÄNNLICHE NAMEN**. Die **GERMANEN**, die im Rest des Landes zu Hause waren, eher **WEIBLICHE**.

Das liegt daran, dass für beide Völker Flüsse als Wohnorte von Gottheiten angesehen wurden. Und die einen stellten sich eben vor, dass es eher **GÖTTER** wären, die hier hausten, für die anderen waren es **GÖTTINNEN**. Schade, dass es in Wahrheit aber doch nicht ganz so einfach ist und manch ein Gewässer im Laufe der Jahrhunderte eine „Geschlechtsumwandlung“ erfahren hat. Ein wichtiger Strom an der Nordgrenze des Römischen Reiches war für die Römer zum Beispiel der Danuvius. Doch inzwischen ist für uns daraus die Donau geworden.

KANN EIN SEE UMKIPPEN?

Es gab einst Menschen, die sich nicht vorstellen konnten, dass die **ERDE EINE KUGEL** ist. Wie solle das möglich sein, dann würde man ja ständig Gefahr laufen herunterzufallen. Häuser würden umstürzen, Seen auslaufen. Natürlich passiert das alles nicht, dafür sorgt die Schwerkraft.

UMKIPPEN können Seen trotzdem – nämlich, wenn das natürliche Gleichgewicht aus dem Lot gerät. Das passiert, wenn **ZU VIELE NÄHRSTOFFE INS WASSER GELANGEN**. Das können Blüten und Blätter sein, die der Wind dorthin trägt, Wasserlinsen oder die Brotstücke, mit denen du Enten fütterst.
Am übelsten ist aber der **DÜNGER VON DEN FELDERN**, die der Regen hineinspült. Diese Nährstoffe lassen manche Algen explosionsartig wachsen. Und wenn sie schließlich absterben, wird bei ihrer **ZERSETZUNG** der **SAUERSTOFF** aus dem Wasser **VERBRAUCHT**. Oft so viel, dass es für andere Lebewesen nicht mehr zum Leben genügt. Dann sterben auch sie, und bald ist das ganze Gewässer nur noch eine **TOTE, STINKENDE BRÜHE**. Es ist umgekippt.

Schlimme Sache. Was kann man dagegen tun? Am besten dafür sorgen, dass nicht mehr so viele Nährstoffe durch den Menschen ins Wasser gelangen. Denn ist ein See erst umgekippt, ist es schwer, ihn wieder zu beleben.

MARTIN VERG ist Journalist und Autor. Nach mehr als zehn Jahren als Chefredakteur der Kinderzeitschrift GEOlino schreibt er inzwischen vor allem und am liebsten Bücher für junge Leserinnen und Leser, hauptsächlich Sachtitel. Und zwar querbeet: Mal geht es, wie hier, um die Natur oder, wie im Vorgängerband, um die Rätsel des Alltags. Nebenher steht er ab und zu als Musiker oder Moderator auf Bühnen und als Podcaster im Studio.

MIRIAM KAISER ist Illustratorin und lebt in einem Urban Jungle in Hamburg. Ihre Leidenschaft für Pflanzen findet sich auch in ihren Zeichnungen wieder, die sie mit viel Liebe zum Detail und einem Augenzwinkern aufs digitale Papier bringt. Miriam mag Kaffee, Science-Fiction und stürmisches Wetter.

BILDNACHWEISE

Folgende Illustrationen wurden unter Lizenz von Shutterstock.com verwendet:

Seite 34: © Bodor Tivadar (Weihnachtsbaum)
Seite 51: © Viktoriia_P (Kuckucksuhr)
Seite 56: © Morphart Creation (Cäsar)
Seite 71: © Vectorcarrot (Drone)
Seite 79: © Morphart Creation (Heuschrecke)
Seite 82: © Alexander_P (Mistkäfer)
Seite 87: © Bodor Tivadar (Biene; Wespe)
Seite 89: © IADA (Mücke)
Seite 110: © LoveDesignShop (Kompass)
Seite 130: © Morphart Creation (Libelle)
Seite 134: © Morphart Creation (Neunauge)

Was macht die Eintagsfliege morgen?
Noch mehr verrückte Fragen und verblüffende Antworten

ISBN 978-3-96129-243-1
Edel Kids Books – Ein Verlag der Edel Verlagsgruppe

Kaiserstr. 14a, 80801 München
www.edel.com
1. Auflage 2022

Konzept und Text: Martin Verg
Illustration, Layout und Satz: Miriam Kaiser
Umschlaggestaltung: ZeroMedia
Lektorat: Karin Bischoff
Projektkoordination: Rebecca Hirsch
Herstellung: Frank Jansen
Druck und Bindung: optimal media GmbH, Röbel/Müritz

Printed in Germany

Spannender als jede exotische Expedition

Verblüffende Fragen und überraschende Antworten

Martin Verg
Wozu braucht das Klo 'ne Brille?
ab 9 Jahren | 160 Seiten
ISBN 978-3-96129-215-8

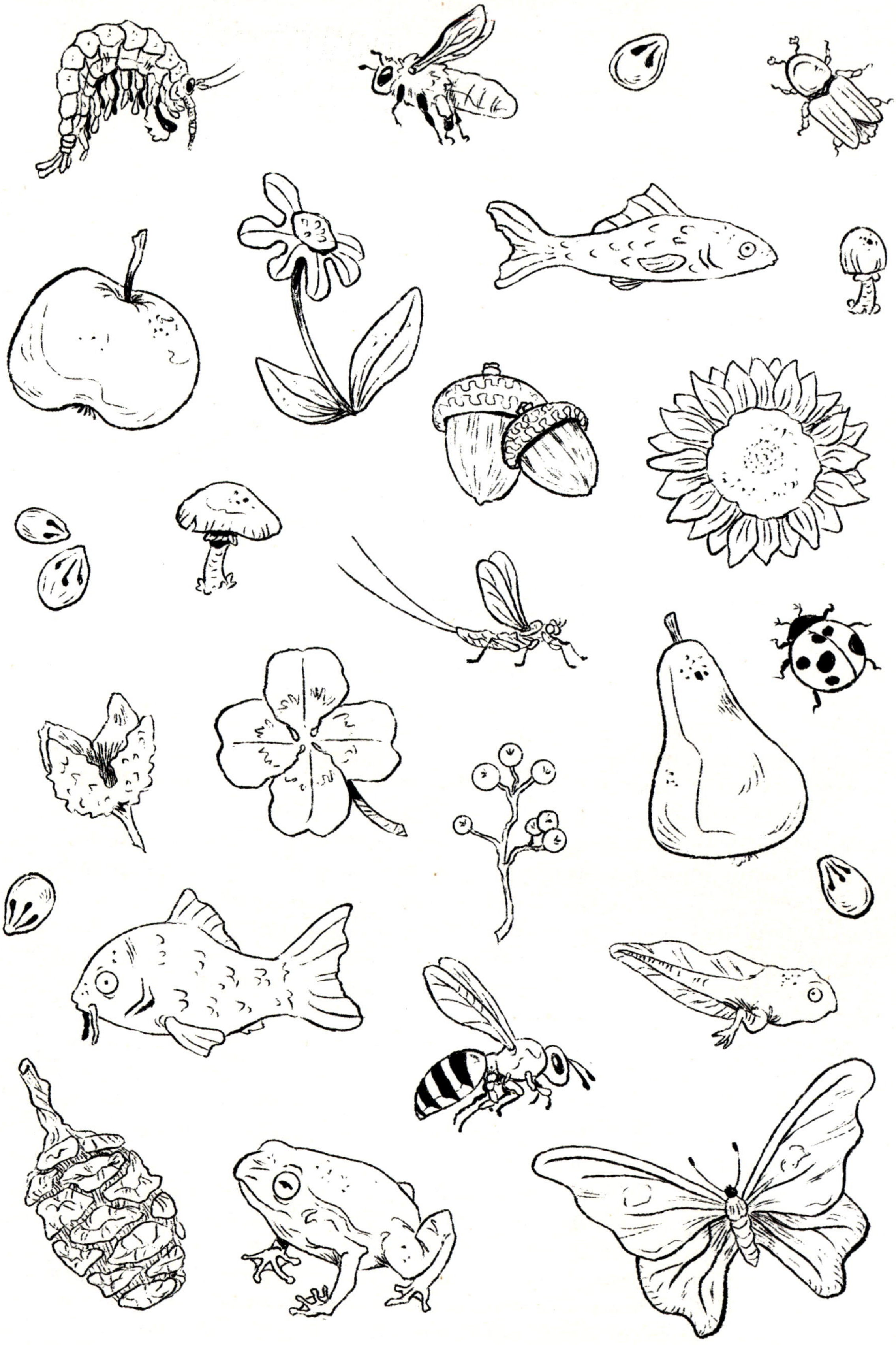